デジタル時代の基礎知識

リサーチ

多彩なデータから顧客の「すべて」を知る新しいルール

株式会社インテージ
石渡 佑矢
Ishiwata Yuya

はじめに

「売上が下がっている理由は?」

上司からそう尋ねられた時、あなたはすぐに答えられるだろうか。あるいは、売上が好調な場合はどうだろう。いつ、どこで、どんな人々が、どのような理由で商品やサービスを買ってくれているか、自信を持って答えられるだろうか。

本書はリサーチの"超"入門書である。リサーチの「リ」から知りたいという、本当の初学者の方々を主な読者層として想定しており、なるべくわかりやすい文体で「リサーチの大枠」をつかんでいただくことを目標としている。そのため、多くのリサーチ入門書に書かれているような統計の基本や実務的な手順は、本書の範囲外としている。

今回、この本を執筆した理由は大きく3つある。

1つ目は「真のリサーチ入門書」を読者に提供したい、という翔泳社の想いに共感したからだ。私がリサーチ業界に身を置き始めた約10年前、手に取るリサーチの入門書はどれもハードルが高いものばかりだった。標準偏差や有意差検定など、統計の専門用語や見慣れない数式が並んでおり、これで何がわかるんだろう?という疑問だけが、当時初学者だった私の頭に残った。実務を通して少しずつ理解は進んでいくものの、まずは「リサーチとはこういうもので、このように役立つのだ」ということを知りたいニーズとの間に大きなギャップが存在していた。

2つ目は「顧客を知ることの重要性の高まり」である。マーケティングの主役は、企業から生活者に移り変わっている。通信環境やスマートフォンの進展により、生活者の情報接触行動や消費行動は一昔前から大きく変化している。世の中には商品やサービスがあふれ、人々の価値観や嗜好は多様化が進んでいる。オンラインとオフラインをものすごいスピードで行き来する生活者の動きを捉えようと、企業各社は

躍起だ。リサーチというと、以前は調査部門や分析担当者など一部のスタッフの専門領域と思われていたが、今日ではあらゆる部門が関わる領域となった。すべての部門が生活者を中心に考え、組織全体でマーケティングのPDCAを回していくことが求められている。業界を問わず、顧客を知らないまま成果を上げることはできない時代になった。

　3つ目は「顧客を知る方法の進化」である。リサーチといえば、インターネット調査やインタビューを思い浮かべることが多い。そのような従来のリサーチ方法は顧客を知るために有用な手段であり、デジタル技術を活用して今も進化を続けている。一方、2011年頃からビッグデータに対する注目が高まっている。モノを買っても、検索しても、視聴しても、移動しても、すべての動きがデジタル化される時代だ。様々なプラットフォームに膨大なデータが蓄積されており、リサーチやマーケティングへの活用が期待されている。機械学習やAI（人工知能）によって、パターン認識やマーケティングの自動化も進んでいる。IoT（モノのインターネット）の発展に伴い、顧客を知る方法はさらに広がっていくだろう。本書では、従来のリサーチ方法から最新のトレンドまで、幅広い視点で顧客を知る方法を紹介する。

　守秘義務契約によって企業各社の具体的な事例をお伝えできないのは残念だが、リサーチの内容や活用場面をイメージしていただきやすいように工夫を重ねた。そのため、私が所属している企業（インテージ）の出典が多いことはお許しいただきたい。

　リサーチの領域は広く、深い。この本に書かれている内容を超えて数多くの知見が存在し、書店に足を運ぶと多種多様な専門書が用意されている。本書を通じて興味を持った分野があれば、知識をさらに深め、実務に生かしてほしい。本書は"超"入門書として、読者のみなさまにとってリサーチの入り口になれば幸いである。

石渡 佑矢

CONTENTS | 目次

はじめに………………………………………………………………………………… 002

> INTRODUCTION
デジタル時代の「リサーチ」……………………………… 009

- 01 リサーチは誰でもできる …………………………………………………… 010
- 02 企業ではなく「生活者」が主役の時代 …………………………………… 012
- 03 多様化する生活者の価値観と嗜好 ………………………………………… 014
- 04 企業は生活者の注目を集めたい …………………………………………… 016
- 05 デジタル時代に高まるリサーチの価値 …………………………………… 018

> CHAPTER 1
リサーチのきほん ………………………………………… 021

- 01 [リサーチとは] 商品パッケージでよく見る「売上No.1」って本当？………… 022
- 02 [リサーチとは] ビッグデータの源泉は？ ……………………………………… 024
- 03 [リサーチとは] 生活者を知るための多彩なリサーチ ……………………… 026
- 04 [なぜリサーチするのか？] リサーチが事業の成功確率を高める ………… 028
- 05 [なぜリサーチするのか？] アプローチしたい「相手」と「情報」を知る …… 030
- 06 [なぜリサーチするのか？] リサーチとマーケティングの関係 …………… 032
- 07 [リサーチの新潮流] ミレニアル世代とジェネレーションZ ……………… 034
- 08 [リサーチの新潮流] データドリブンマーケティングが注目される理由 … 036
- 09 [リサーチの新潮流] IoTの発展でリサーチはどう変わっていくか ……… 038

> CHAPTER 2

リサーチは何の役に立つ? ……………………………… 041

- 01 [事業を強くする] ビジネスの意思決定をサポートする ………………… 042
- 02 [事業を強くする] リサーチとマーケティングのサイクル ……………… 046
- 03 [事業を強くする] ブランドとエンゲージメント ………………………… 048
- 04 [現状をよく理解する] オムニチャネル化する生活者の行動を捉える ……… 050
- 05 [現状をよく理解する] 「売れた理由」と「売れなかった理由」は何? ………… 052
- 06 [現状をよく理解する] 自社の「真の競合」は何か? ……………………… 054
- 07 [戦略と施策に活用する] デジタル時代でも変わらない戦略の本質 ………… 056
- 08 [戦略と施策に活用する] ニーズをつかんで需要を創り出す ……………… 058
- 09 [戦略と施策に活用する] 顧客のブランドスイッチを促す ………………… 062

> CHAPTER 3

リサーチを始める前に ……………………………… 065

- 01 [根拠なきアイデアからの脱却] リサーチは課題解決の手段 ……………… 066
- 02 [根拠なきアイデアからの脱却] 「仮説」を立ててみよう …………………… 068
- 03 [根拠なきアイデアからの脱却] すでにあるデータを活用する …………… 070
- 04 [必要な情報を特定する] フレームワークを活用する …………………… 072
- 05 [必要な情報を特定する] アウトプット志向でムダをなくす ……………… 074
- 06 [必要な情報を特定する] リサーチ課題を設定する ……………………… 076
- 07 [リサーチの体制を考える] 自社で調べるか? 他社に委託するか? ………… 078
- 08 [リサーチの体制を考える] 知っておきたい「委託先の選び方」…………… 080
- 09 [リサーチの体制を考える] 品質とコストのバランスを意識する ………… 082

> CHAPTER 4

リサーチの方法あれこれ …… 085

01 [リサーチ・データの種類] パネルとアドホック／定量と定性 …… 086
02 [リサーチ・データの種類] サンプリングデータとビッグデータ …… 088
03 [生活者の行動や意識を知る] 購買データから買い物の実態を知るには …… 090
04 [生活者の行動や意識を知る]
　　誰がどこにいるのか知るには －位置情報の活用－ …… 092
05 [生活者の行動や意識を知る] 生活者の意識や価値観を明らかにするには …… 094
06 [点ではなく線で捉える]
　　広告接触と商品購入の因果関係を調べるには …… 096
07 [点ではなく線で捉える]
　　メディアを行き来する生活者行動を把握するには …… 098
08 [点ではなく線で捉える] カスタマージャーニーマップを描く …… 100
09 [開発や改善のヒントを得る] 生活者との共創に取り組む …… 104
10 [開発や改善のヒントを得る] 行動観察から潜在ニーズを捉えるには …… 106
11 [開発や改善のヒントを得る]
　　顧客の表情や視線から深層心理を読み解くには …… 108

> CHAPTER 5

リサーチの企画と実施 …… 111

01 [リサーチの企画] デジタル時代のリサーチ企画とは？ …… 112
02 [リサーチの企画] なぜリサーチに企画が必要なのか？ …… 114
03 [リサーチの企画] リサーチを企画してみよう …… 116
04 [リサーチの実施に向けて] 何の数値を上げるためのリサーチ？ …… 118
05 [リサーチの実施に向けて] 収集すべき情報を徹底的に考える …… 120
06 [リサーチの実施に向けて] バイアスという名の落とし穴 …… 122
07 [リサーチの実施] 定量調査の実施プロセス …… 124

08 [リサーチの実施] 定性調査の実施プロセス …………………………… 126

> CHAPTER 6

リサーチ結果の分析 …………… 129

01 [データの集計] データクリーニングの重要性 ……………………………… 130
02 [データの集計] 多様なデータを使える形に整える ……………………… 132
03 [データの集計] 重要なポイントを「10秒」で伝える ……………………… 134
04 [データの分析] 分析のバリエーションを知ろう ………………………… 136
05 [データの分析] AIがもたらすデータ分析のイノベーション ………………… 138
06 [データの分析] データを集約する情報基盤「DMP」って何? ………………… 140
07 [結果の見える化] データをビジュアル化する ……………………………… 142
08 [結果の見える化] BIツールとダッシュボードの活用 ……………………… 144
09 [結果の見える化] グラフィックやイラストの活用 ………………………… 146

> CHAPTER 7

リサーチの戦略的活用 …………… 149

01 [リサーチを取り巻く環境の変化] メガトレンド …………………………… 150
02 [リサーチを取り巻く環境の変化] マーケティング4.0 ……………………… 152
03 [リサーチを取り巻く環境の変化] デジタルトランスフォーメーション …… 154
04 [リサーチのマーケティング活用] メーカーの商品リニューアル ………… 156
05 [リサーチのマーケティング活用] 小売の"個客"マーケティング ………… 160
06 [リサーチのマーケティング活用] メディアのコンテンツ戦略 …………… 162
07 [リサーチの組織的活用] リサーチとデータで競争優位を築く …………… 164
08 [リサーチの組織的活用] 社内の「共通言語」を作る ……………………… 166
09 [リサーチの組織的活用] 業界横断の「共通指標」を活用する …………… 168

あとがき…………………………………………………………………	172
マーケティング＆リサーチのおすすめブック・ガイド ………………	174
用語集 ……………………………………………………………………	180
索引 ………………………………………………………………………	188
著者紹介 …………………………………………………………………	191

INTRODUCTION

デジタル時代の「リサーチ」

01　リサーチは誰でもできる
02　企業ではなく「生活者」が主役の時代
03　多様化する生活者の価値観と嗜好
04　企業は生活者の注目を集めたい
05　デジタル時代に高まるリサーチの価値

> INTRODUCTION　デジタル時代の「リサーチ」

No. 01　リサーチは誰でもできる

　あなたはアンケートに答えたことがあるだろうか？ きっと、飲食店に置かれたアンケート用紙や街角でのインタビューを見たことはあるだろう。「リサーチ」と聞くと、統計用語や調査手法など専門的で難しいイメージを持っているかもしれないが、**「リサーチは誰でもできる」**という心構えで、まずは肩の力を抜いて読み進めてみてほしい。

　リサーチに必要なのは、絶え間ない好奇心と探求心である。何が起こっているのか、なぜそうなのか、これからどうなるのか。「知りたい」という気持ちがスタートになる。参考までに、筆者が本書を執筆するにあたって**「知りたい」**と感じたことを図1に記してみた。このような「知りたい」気持ちがリサーチにつながっていく。

● 本書で解説する「リサーチ」とは

　顧客へのアンケート、売上の分析、店頭の視察、専門家へのインタビューを始め、他社の商品を試してみたり、インターネットで検索されているワードのランキングを調べてみたりするなど、これらはすべてリサーチに含まれる。この本では、「企業のマーケティング課題」の解決に役立つリサーチ、すなわち**マーケティング・リサーチ**の基礎的な知識について、今の時代に合った内容を伝えていく。リサーチを初めて学ぶ方は、何をリサーチすればよいのか、何から始めればよいのか、どのような方法があるのか、そもそもなぜリサーチが必要なのか、今はまだ多くの疑問を抱えているかもしれない。この本を読み終える頃に「私もリサーチできそうだ」と感じてもらえれば本望である。

図1 「知りたい」気持ち（本書の場合）

実態把握

- 書籍の市場概況やトレンドを知りたい
- 競合になりそうな書籍をリストアップして、それぞれの特徴を把握しておきたい

仮説検証

- デジタル時代の到来に伴い、リサーチの入門書に対するニーズが高まっていることを確認しておきたい
- 本書は業界や職種を問わずリサーチ初学者のニーズに応えられる、という仮説をデータで示したい

機会探索

- 読者自身も気がついていないようなニーズと、そのニーズに応えられるコンテンツを知りたい
- 企業の新入社員研修プログラムとして、本書の内容にニーズがあるのか探りたい

効果測定

- 本書の売行と、購入者の年代や職種の分布を知りたい
- なぜ読者の方々が本書を買ってくれたのか、満足度はどうだったのか聞きたい

> INTRODUCTION　デジタル時代の「リサーチ」

No. 02　企業ではなく「生活者」が主役の時代

　生活者を取り巻く環境を俯瞰してみると、図2に示す要素が一昔前から大きく移り変わっており、今も猛烈なスピードで変わり続けていることがわかる。

● 世界と逆行する日本の人口

　世界人口は1950年の25億人から増え続け、2050年には100億人近くに達すると見込まれている。一方、日本では2011年より人口減少トレンドに転じており、同時にどの国も経験したことがない急激な少子高齢化社会を迎えている。日本国内の居住地域の分布を見ると、**三大都市圏の人口シェア**が年々高まっており、都市部への人口集中と他の地域での過疎化が進んでいることがわかる。

● 通信とメディア

　別の視点では、通信環境の発展やモバイル端末の普及により、生活者のメディア接触や情報収集方法が変化してきている。テレビや新聞などマスメディアに接する時間は減少傾向にあり、代わりに携帯電話やスマートフォンに触れている時間が年々増えている。数十年前まではマスメディアを通じて発信される情報を一方的に生活者が受けていたが、今ではインターネット上で、生活者間の情報のやりとりが大量に行われている。

　ある人が発信した情報は他の人の情報認知に影響を与えており、**商品の購入を検討している場面では興味の喚起や実際の購買行動に大きな影響を与えている**（図3）。企業にとっては、「**生活者**」を起点に事業を考えなければならない時代になった。

図2 生活者を理解するための情報

ジオグラフィック
地理的な特徴を表す情報・データ
例) 国・地域、気候、人口、人口密度など

デモグラフィック
人口統計学的な特徴を表す情報・データ
例) 性別、年齢、未既婚、家族構成、世帯年収、個人収入、職業など

サイコグラフィック
心理的な特徴を表す情報・データ
例) 性格、価値観、好み、購入理由、趣味、ライフスタイルなど

ビヘイビア(行動の特徴)
行動の特徴を表す情報・データ
例) 利用頻度、商品使用場面、情報収集媒体、来店手段、閲覧回数など

図3 ショッピングサイトでの行動実態

このサイトで購入者のクチコミ・レビューを参照する

	ネットスーパー (n=1183)	ショッピングサイト (n=1765)
よくある+たまにある	12.7%	83.1%
どちらともいえない	10.5%	8.1%
あまりない+まったくない	65.4%	8.1%
該当しない	11.4%	0.8%

「これを買った人はこれも買っている」を参考に購入する

	ネットスーパー (n=1183)	ショッピングサイト (n=1765)
よくある+たまにある	11.5%	30.0%
どちらともいえない	9.8%	19.5%
あまりない+まったくない	70.8%	48.9%
該当しない	7.9%	1.5%

自分で商品や利用経験の評価の書き込みをする

	ネットスーパー (n=1183)	ショッピングサイト (n=1765)
よくある+たまにある	6.5%	50.1%
どちらともいえない	6.4%	12.3%
あまりない+まったくない	75.9%	35.8%
該当しない	11.1%	1.8%

<意識>アンケート調査

出典:「ネット通販 利用実態・意識調査」(株式会社インテージ)
http://www.intage.co.jp/library/20141225/

> INTRODUCTION　デジタル時代の「リサーチ」

No. 03 | # 多様化する生活者の価値観と嗜好

　日本の高度経済成長期（1950年代〜1970年代初頭）には、需要が供給を上回っており、国民のニーズも画一的なものだった。どの生活者も同じものを求めるという意味で、大量生産の時代を「十人一色」と表現することもある。

　その後、経済成長の恩恵を受けて生活が安定してくると、他の人とは違うものを求める生活者が少しずつ増えてきた。企業は商品やサービスの種類、あるいはそれらを購入できる場所を増やすことで、生活者のニーズに応えてきた。リサーチでは、「20代女性はこういう商品を好む」「50代男性はこういう場所で買い物をする」という分析が本格的に始まり、「販売志向」「顧客志向」のマーケティングが発展してきた。

●「一人百色」時代のマーケティング

　企業が生活者の幅広いニーズに応え始めると、商品やサービスの種類は次々に増えた。選択肢が増えたことで、生活者1人ひとりの価値観や好みの多様化は進んでおり、「一人十色」「一人百色」の時代に突入したともいわれている。

　多様な生活者のニーズに対して膨大な品揃えで応えるECサイトは、その市場を年々拡大させている。スマートフォンで情報収集や商品購入がいつでも簡単にできるようになったことにより、場面や時間の制約を受けず、消費に関する意識や行動は刻一刻と変化している。誰が何を望んでいるのか、どうすれば自社の商品・サービスを買ってくれるのか、変わり続ける生活者を知ることがますます重要になってきた。

図4 多様な価値観と嗜好

20〜30代男性の考える「オトコのキレイ・カッコイイ」

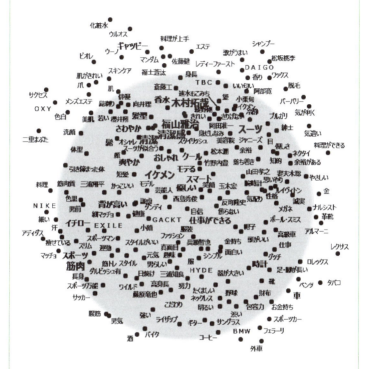

※「あなたにとっての『オトコのキレイ、カッコイイ』とは何ですか?」という質問に対して、1人ひとりの回答者に自由回答で12個挙げてもらい、全回答者分の結果についてPAC分析を実施したリサーチ結果。中央エリアにあるほど多くのワードと関係性が近く、それぞれの距離が近いほどワード同士のつながりが深いといえる。

出典:「デ・サインリサーチ自主研究調査」(株式会社インテージ)
https://www.intage.co.jp/solution/process/concept-development/design/

> INTRODUCTION　デジタル時代の「リサーチ」

No. 04　企業は生活者の注目を集めたい

　生活者が浴びる情報量は年々増えている。総務省の調査によると、2001年以降、流通情報量は伸び続けているのに対し、消費情報量はほとんど変化していない（図5）。つまり、生活者が受け取れる量をはるかに超え、情報が増え続けているということだ。

● デジタル時代の到来

　現在では特に、インターネットにコンテンツがあふれるようになった。2005年にはYouTubeがサービスを開始、2008年にはFacebookやTwitterなどのSNS（ソーシャル・ネットワーキング・サービス）が日本にもやってきた。2010年に登場したInstagramでは、写真や動画の共有が活発に行われている。キュレーションメディアと呼ばれる情報まとめサイトも数多く誕生。商品やサービスの評価を共有できるクチコミサイトやECサイトのレビュー機能も、日常的に利用されるようになった。企業が発信する情報のみならず、生活者自らが作って発信するコンテンツ（UGC:User Generated Contents）が大量に生まれているのも、デジタル時代の特徴である。

　生活者が容易に情報を受発信できるようになった背景には、スマートフォンの普及がある。2010年にスマートフォンを持っている日本人は10人に1人もいなかったが、その後わずか5年の間に普及率は7割を超えた（図6）。スマートフォンの普及やコンテンツの増殖によって、情報量は加速度的に増えている。企業各社は自社の情報をなんとか生活者に届けようと、アテンション（注目）を奪い合う。注目を集められなければ、よいものを作っても誰にも知られず消えていく時代なのだ。

図5 流通情報量と消費情報量

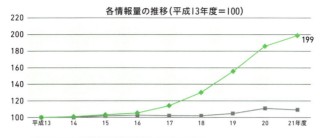

出典:「我が国の情報通信市場の実態と情報流通量の計量に関する調査研究結果」
(総務省 情報通信政策研究所)をもとに作成
http://www.soumu.go.jp/main_content/000124276.pdf [458KB]

図6 情報通信端末の世帯保有率

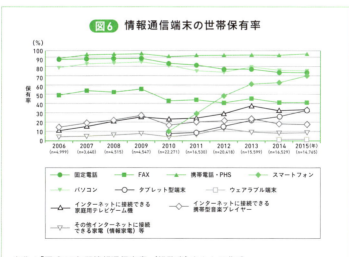

出典:「平成28年版情報通信白書」(総務省)をもとに作成
http://www.soumu.go.jp/johotsusintokei/whitepaper/ja/h28/html/nc252110.html

> INTRODUCTION　デジタル時代の「リサーチ」

No. 05　デジタル時代に高まるリサーチの価値

　リサーチを事業に活用している企業と活用していない企業では、情報の格差がどんどん広がっている。「リサーチしなくても、よいものを作れば売れた」というのは過去の話だ。「情報をどれだけ知っているか」が事業戦略やマーケティングに反映され、売上の結果に表れる。

● リサーチに活用されるデータ

　インターネットや通信環境の発展に伴い、企業は生活者に関する多種多様な情報をデータとして取得できるようになった。どのWebページがよく見られているのか、ECサイトでは何がよく売れているのか、モバイルアプリはどのように使われているのか。オンライン上での行動履歴（ログ）をリサーチすることで、Webサイトへの集客や画面の改善などに活用されている。

　2011年頃にはO2O（Online to Offline）という言葉が注目されるようになった。生活者はオンラインとオフラインを自由自在に行き来している。インターネット（オンライン）に掲載された情報が実店舗（オフライン）での消費に影響を与えているのだ。ウェブルーミングやショールーミングといった生活者の行動に企業各社は関心を高めており、オンラインの行動とオフラインの行動をデータでつなぐ取り組みが様々な領域で進んでいる。

● 拡大するリサーチの役割

　"企業の目的は顧客創造である以上、企業の基本的な機能はマーケティングとイノベーションの2つしかない"というのは経営学者である

ピーター・ドラッカーの言葉だ。2017年5月に、JMRA（日本マーケティング・リサーチ協会）から、これからのリサーチの価値や役割が発表された（表1）。デジタル化の進展や多種多様なデータの広がりに伴い、リサーチが果たす役割は「マーケティング」から「イノベーション」へ着実に拡大している。

表1 マーケティング・リサーチ産業ビジョン

これまで	価値規定	これから
市場の計測者	価値規定	イノベーションのエンジン
マーケティング STP／差別化	企業が 抱える課題	イノベーション 新しい価値／機会の創造
顧客意識やニーズの把握 顧客理解の支援 マーケティング課題の抽出 アナリシス（分析・分解） 仮説検証	リサーチの 役割	潜在ニーズの発見 ビジネス創造のPDCA支援 ビジネス研究とビジネス開発支援 シンセシス（統合・合成） 仮説推論
情報の収集解析の専門集団 調査員／インタビュアー 統計解析士	人材像	多様な専門性を持つ異才の集まり サイエンス&エンジニアリング人材 アート&インサイト人材 ビジネス&戦略人材
生活意識実態の測定者	立ち位置	生活者の代弁者
主に生活者（顧客） 市場	扱う対象	生活者（人間丸ごと） ビジネス（事業丸ごと） ソーシャル（社会丸ごと）
意識データ、行動データ、 オーディエンス、VOC	扱うデータ	感情データ、生体データ、 位置情報、顔認識、 ソーシャルデータ、観察データ、 経営事業データ、社会データ、 マクロデータ……

出典：「マーケティング・リサーチ産業ビジョン」（一般社団法人 日本マーケティング・リサーチ協会）
http://www.jmra-net.or.jp/aboutus/sangyovision/

CHAPTER 1

リサーチのきほん

01 商品パッケージでよく見る「売上No.1」って本当？
02 ビッグデータの源泉は？
03 生活者を知るための多彩なリサーチ
04 リサーチが事業の成功確率を高める
05 アプローチしたい「相手」と「情報」を知る
06 リサーチとマーケティングの関係
07 ミレニアル世代とジェネレーションZ
08 データドリブンマーケティングが注目される理由
09 IoTの発展でリサーチはどう変わっていくか

> CHAPTER 1　リサーチのきほん

No. 01

[リサーチとは]

商品パッケージでよく見る「売上No.1」って本当?

　リサーチは生活の中に浸透している。スーパー、コンビニ、ドラッグストアで買い物をしている時に、「売上No.1」という表記を見たことはないだろうか。その商品が売れていることをアピールするために、菓子や飲料、シャンプーなどの商品パッケージに表示されていることがある。「No.1」と表示するには、景品表示法に従い、客観的なリサーチが必要だ。

　例えば、インテージでは全国約4000の小売店から販売データを毎日収集している。日用消費財について、「いつ・どこで・何が・いくらで・いくつ販売されたのか」を把握できるため、数多くのメーカーや小売各社で幅広く活用されている（図1）。このデータにより、メーカーは自社商品の市場シェアや市場全体の推移、競合商品の販売動向を把握できる。また、小売各社はエリア別や業態別の販売傾向を知ることで、出店エリアや商品構成を検討することが可能になる。

○「No.1」の効果

　自社商品の市場シェアがNo.1であることが明らかな場合、メーカーは「売上No.1」と表示することができる。「売れている」という事実は強いアピールになる。なぜなら、**他の人も買っているという安心感につながる**ため、生活者に買ってもらえる可能性が高まるからだ。また、小売各社は売れる商品を陳列棚に並べたいと考えるため、メーカーの商談資料にも市場動向や商品の売行を示すリサーチ結果が登場する。

　なお、「No.1」が表示されている商品や広告には、必ず出典元が記載されている。**誰がどのように調べたNo.1なのか**を確認することで、信

頼できる情報か否かの判断が可能になるだろう。

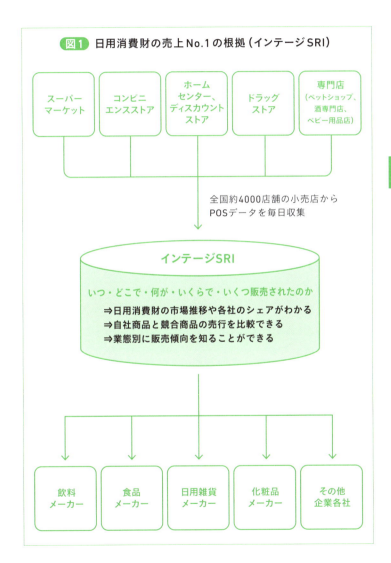

図1 日用消費財の売上No.1の根拠（インテージSRI）

> CHAPTER 1　リサーチのきほん

No. 02 ［リサーチとは］
ビッグデータの源泉は？

　2011年頃から「ビッグデータ」という言葉を耳にするようになった。これは、図2にあるように、通常のソフトウェアでは分析できないほど膨大なサイズのデータを指し、定型化・構造化されていない情報も多く含まれている。機械のセンサーデータや気象データの他、**生活者がビッグデータの起点**となっているケースが多い。

● 生活者から生まれるデータ

　私たちがスーパーやコンビニで買い物をすると、POSには購買データが蓄積される。来店客が会計の際に会員カードを提示すると、個人の属性情報と紐づけられるため、「誰が」いつ何を買ったのかというデータが集まる。Webサイトやアプリを閲覧すれば、常時アクセスログが記録される。SNSに自分で投稿した写真も、友人が書き込んだコメントも、閲覧した履歴もすべてデータになる。ネット広告が何人に表示されて何人がクリックしたか、クリックしたうちのどのくらいの人が購入に至ったか、というデータも残る。携帯電話の基地局情報やGPS機能によって位置情報のデータを入手できたり、IoT（Internet of Things：モノのインターネット）の発展に伴い、自動車の走行状況や家電製品の使用状態を把握できたりする。

● 個人情報の取り扱いと利活用の可能性

　ただし、個人情報に対する生活者の目はシビアだ。個人情報が流出すると、厳しい社会的批判にさらされる。ビッグデータの活用場面では、個人が特定されないような形で統計的な処理がなされている。

2017年5月には改正個人情報保護法が全面施行された。個人を特定できない**「匿名加工情報」**の提供が事業者間で進むことにより、ビッグデータの利活用はさらに進む。

生活者が自分自身の個人データについて第三者への提供可否を管理する仕組み（パーソナルデータストア）や、そのようなデータの蓄積・管理を代行する事業者（情報銀行）、あるいはそのようなデータを流通・売買するデータ取引市場なども、注目を集めている。

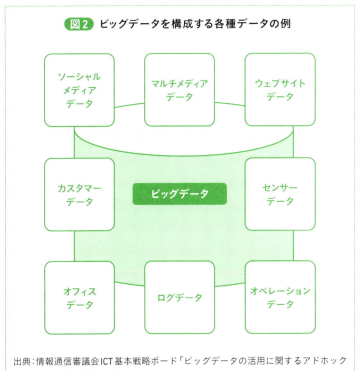

図2 ビッグデータを構成する各種データの例

出典：情報通信審議会ICT基本戦略ボード「ビッグデータの活用に関するアドホックグループ」資料（総務省）をもとに作成
http://www.soumu.go.jp/johotsusintokei/whitepaper/ja/h24/html/nc121410.html

> CHAPTER 1　リサーチのきほん

No.
03　[リサーチとは]
生活者を知るための多彩なリサーチ

　ビッグデータの他にも、生活者を知るためのリサーチは数多く存在する（図3）。インテージ社のSCI（全国消費者パネル調査）では、全国の15〜79歳の男女約5万人から毎日購買データを収集しており、日用消費財について「誰が・いつ・どこで・何を・いくつ・いくらで購入したのか」を知ることができる。例えば、新発売のチョコはどのような年代・嗜好の人によく売れているのか、他社のチョコを買っていた人は自社商品を試し買いしてくれたか、消費の実態を把握できる。

　また、同じ調査モニターからメディア接触データを収集することによって、テレビ視聴やWebサイトの閲覧、アプリの利用状況などがわかっている（i-SSP）。消費行動と情報接触のデータを同じ人物から収集しているため、広告が商品購入にどのくらい貢献したかを分析できる。テレビ番組の視聴者層やWebサイト・アプリの利用者層を知ることも可能だ。

● 生活者を360°理解する

　情報接触や消費行動が複雑化している昨今、一つの側面では生活者を適切に捉えられない。様々なリサーチを用いて生活者のあらゆる側面を捉えることで、有効なマーケティングを実行できる。

　真のニーズや行動理由を深く探りたい場合は、**対面インタビュー**が有効だ。短期間で数多くの人にアンケートを実施したい場合は、**インターネット調査**が役に立つ。また、**位置情報**のデータは、どのエリアにどのくらいの人がいるかを判別できるため、観光地への集客や新規出店の検討に活用できる。あるいは、商品パッケージや広告を見た時、どのタイミ

ングでどのように表情が変わるかをリサーチすれば、改善点が明らかになる。お店の陳列棚やWebページのどこに視線が向いているのか知りたい場合は、**アイトラッキング**が役に立つ。さらには、無意識の本音を探るため、**脳波を測る**というリサーチもある。この他、伝統的なリサーチから最新テクノロジーを駆使したリサーチまで、生活者を知る方法は数多く存在する。詳しくは第4章で述べる。

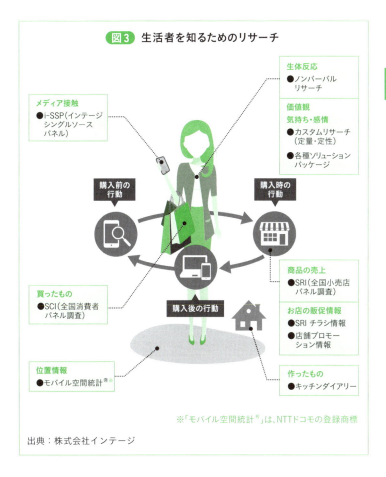

図3 生活者を知るためのリサーチ

※「モバイル空間統計®」は、NTTドコモの登録商標

出典:株式会社インテージ

> CHAPTER 1　リサーチのきほん

No.
04

［なぜリサーチするのか？］
リサーチが事業の成功確率を高める

　ここからは、リサーチをする意義や理由について述べる。

　あなたは今、どのような業界で仕事をしているだろうか？ 就職活動をしていた頃、応募する会社のことをいろいろと調べたのではないだろうか。例えば就職活動の場合、「採用通知をもらって仕事に就くこと」を成功と定義すると、その**"成功確率"**を高めるためには、その会社や仕事を詳しく調べ、自分の特性や希望と重なる部分を見つけ、それらを適切に相手に伝えることが必要である。就職活動を通じて得られた経験は、マーケティングやリサーチにも役立つ。

● ビジネスの成功確率とマーケティング

　再びドラッカーの言葉を用いると、"マーケティングは顧客の欲求からスタートする"。つまり「顧客が何を求めているのか」を知ることが起点になる。今、商品を買ってくれている顧客はもちろん、いつか買ってくれるかもしれない人も含め、すべての生活者を顧客と捉え、「何を求めているのか」を探る努力が必要だ。

　リサーチによって相手を知ることができれば、**「顧客が求めているもの」と「自社が提供できるもの」の重なり**が見えてくる。図4に2つの円を描いたが、この円の重なりが大きくなればなるほど、顧客に受け入れてもらえる確率は高まる。

　ただし、2つの円が重なっていても成功するとは限らない。商品は確かに欲しいけれど価格が高すぎる、今すぐ必要なのに買える場所がない、サービスの内容は魅力的だが企業イメージが悪いので買う気がしない、など理由は様々だ。2つの円の重なりを意識した上で、どう

すれば成功確率が上がっていくのか、さらにリサーチを進めることが大切だ。

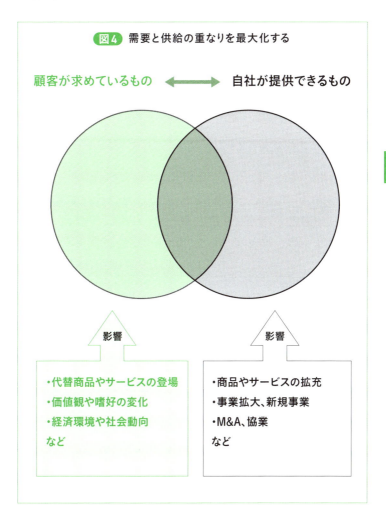

図4 需要と供給の重なりを最大化する

> CHAPTER 1　リサーチのきほん

No. 05　［なぜリサーチするのか？］
アプローチしたい「相手」と「情報」を知る

前節で「相手を知ることの重要性」を述べたが、相手とは誰のことを指しており、その相手のどのような情報をリサーチする必要があるのか、考えなければならない。

● 誰のことを知りたい？

自社の商品を買ってもらう、サービスを利用してもらうという成功確率を高めるためには、「相手を知る」ことが重要である。顧客、潜在顧客、消費者、来店客、来場者、来訪者、視聴者、利用者、カスタマー、コンシューマー、ショッパーなど、「相手」を表す言葉は多種多様だ。

スーパーの店長は先月の来店客について知りたいかもしれない。食品メーカーのブランドマネジャーは、まだ自社の商品を買っていない潜在顧客を知りたいかもしれない。自動車メーカーの宣伝担当者は、自社のテレビCMの視聴者に関心があるかもしれない。あなたが知りたい「相手」を明確に言語化しておくことでリサーチは生かされる。

● 何について知りたい？

知りたい「情報」を特定することも重要だ。言い換えると、**どのような情報を知れば、自社の商品を買ってもらえるような戦略や施策を考えられるか**、という視点が大切である。商品の売行が悪いという問題があるなら、例えば次のような情報を知りたいと思うだろう。「そもそも商品が知られているのか？」「興味を持ってもらえているのか？」「購入の決め手になる一押しが足りないのか？」「価格が高すぎるのか？」「一

度買った人がリピートしていないのか？」「ネット上で悪いクチコミが広がっていないか？」。

　知りたい情報を特定することで、リサーチすべき内容が絞り込まれる。商品の売行が悪い原因を明らかにできれば、状況を改善するための戦略や施策を立てることができる。

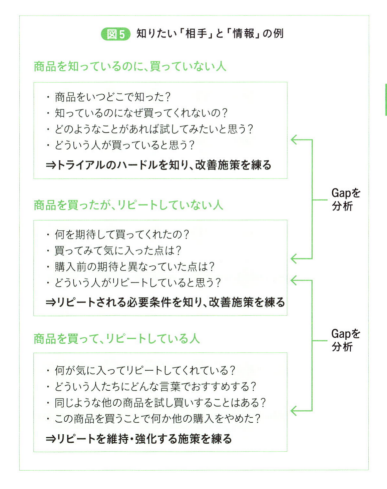

図5　知りたい「相手」と「情報」の例

> CHAPTER 1　リサーチのきほん

No. 06　［なぜリサーチするのか？］
リサーチとマーケティングの関係

　マーケティングに役立つリサーチの概要や役割についてここまで記してきたが、そもそもマーケティングとは何だろうか？ 様々な定義があるが、筆者は**「買ってもらえる仕組み作り」**と考えている。生活者が求めているものを購入できる状態にすれば自然と買ってくれるはずで、その一連の仕組みを作ることがマーケティングだ。この仕組みを作るためには、生活者を知る必要がある。そのためには、もちろんリサーチが必要だ。

● STP

　マーケティングの父といわれるフィリップ・コトラーは、STPというフレームワークを提唱した（図6）。市場は、性別や年齢などの属性で細分化できる。飲料メーカーなら飲用場面で、旅行代理店なら旅行に求める価値で市場を細分化することもあるだろう。**セグメントの仕方で新しいビジネス機会を見つけられる**可能性もある。

　その中で自社が狙いたい市場を特定するのがターゲティングだ。その市場は成長しているのか、自社の強みを生かせるのか、リサーチやデータを活用しながら検証する必要がある。

　ポジショニングとは「生活者からどのように見られたいか」を考えることだ。競合商品との違いを認識してもらえなければ、買ってもらえる可能性は低い。

● マーケティングミックス

　STPが決まったらマーケティングミックスを考えよう。どのような

商品を提供するか、価格はいくらにするか、どこで販売するか、どのようなプロモーションを行うか。4Pという言葉を聞いたことがあるかもしれないが、顧客視点の4Cで考えることも大切だ。STPの考え方は、新商品を作る時はもちろん、既存商品の現状を確認したい時にも有効である。リサーチやデータの活用によって、マーケティングは研ぎ澄まされていく。

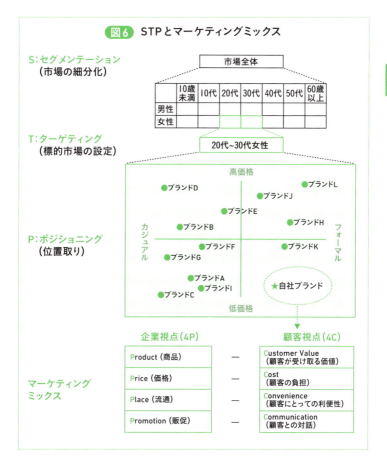

No. 07 ［リサーチの新潮流］

ミレニアル世代とジェネレーションZ

　1980年代から2000年代初頭に生まれた生活者を「ミレニアル世代」ということが多い。日本では約3000万人おり、「ジェネレーションY」と呼ばれる世代と重なる。

　また、1990年代半ばから2010年頃までに生まれた世代は「ジェネレーションZ」と呼ぶ。この世代は生まれた時から身の回りにデジタルツールがあり、幼児期から当たり前のようにスマートフォンやタブレット端末を使いこなし、動画を閲覧したりゲームアプリを楽しんだりしている。彼らが**デジタルネイティブ**といわれる由縁である。

● デジタルネイティブ世代の特徴

　デジタルネイティブ世代である10代は、それまでの生活者とは異なる特徴がいくつかある。まずモバイル端末に触れている時間が長い（図7）。情報を探す、コンテンツを見る、商品を購入する、サービスを予約する、情報を発信する、友人とコミュニケーションをとるなど、**あらゆる行動をモバイル端末で行う。**

　モノの所有に関心がないというのも特徴の一つだ。「所有から共有へ」という意識変化により、自動車や自転車もシェアリングサービスを利用する。個人間での商品売買が活発なフリマアプリや、住居の貸し借りを行う民泊サービスなど、**シェアリングエコノミー**の市場は着実に伸びている。ソーシャルメディアでは、SNS映えするフォトジェニックな画像を投稿し共感を集める、あるいは共感を得るために商品を買うという「ネタ消費」も見られる。デジタルネイティブ世代の意識や行動を把握し、フィットするマーケティングを考える必要がある。

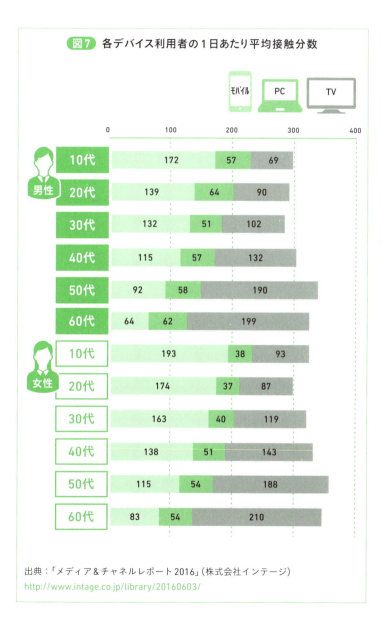

No. 08 ［リサーチの新潮流］ データドリブンマーケティングが注目される理由

　データ分析を軸として事業の意思決定やマーケティングを行う「データドリブンマーケティング」が世界的な潮流となっている。数年前から注目を集めている言葉だが、マーケティングが強い企業は50年以上前からデータにもとづくマーケティングを実践し、着実に事業を拡大してきた。

　2000年代にはインターネット環境が定着し、データをマーケティングに活用する流れが加速した。これには、様々な領域でデータが蓄積されていることが背景にある。膨大なデータから、生活者の実態がより広く、より深くわかるようになってきたのだ。企業間の競争の激化や**ROMI（マーケティング投資回収率）**を重視する風潮も、データが重宝される要因となっている。

● データドリブンを支えるテクノロジー

　ビッグデータを素早く分析するシステムやソフトウェアもデータドリブンを後押ししている。大企業だけでなく、中小企業も手頃な費用で取り組みやすい環境が整ってきた。データの分析技術も進化しており、機械学習やディープラーニングにより、膨大なデータからパターンを見つけ出し、次の予測をすることも可能だ。予測にもとづいてWebサイトでは関連商品や広告が表示され、SNSでは知り合いの顔写真が表示される。画像や音声の認識にもデータ活用が広がってきている。

● データドリブンを自社に定着させるには

　データドリブンマーケティングを組織に定着させていくためには、

主に3つのブレイクスルーが必要だ（図8）。データドリブンの潮流は避けて通れない。時間はかかるかもしれないが、情報格差が広がる前にデータ活用を組織に定着させていきたい。

図8 データドリブンマーケティングを組織に定着させる条件

システム

大規模な投資が最初から必要とは限らないが、データを扱うにあたって何らかのシステムやツールは必要である。多種多様なデータをどこに集約するのか、どのようなツールでリサーチ結果やデータを可視化・分析するのか、シームレスにアクションにつなぐにはどのようなシステムが必要なのか、仕組みを作る必要がある。扱うデータの量・種類や企業規模・業界によって必要なシステムはそれぞれ違う。簡単なデータ分析ならExcelで事足りる場合もある。

リテラシー

データがない、あるいは分析できる状態になっていなければ、データの収集・調達方法から考えなければならない。データが集まっていたとしてもデータ精度や粒度がバラバラである場合、事前に整備する必要がある。分析の段階では、データから何を読み取るか、どう解釈するか、どのようなアクションにつなげるか、幅広い知識とスキルが求められる。データリテラシーの高い人材をどう育成するか、またはどう獲得するか、企業各社の人材獲得合戦は熾烈になってきている。

カルチャー

データを重視する組織風土を築くことが何より重要である。これまで勘や経験にもとづいて進めてきた方法がデータによって否定された場合、やり方を転換できるかどうか、企業の姿勢が問われる。データにもとづく方法が必ずしも正しいとは限らないが、間違っていたとしても後からデータで検証することができる。勘や経験が間違っていた場合、何が間違っていたのかを検証して次に生かすことは難しい。トップから現場まで、データ重視の風土が浸透している組織は強い。

> CHAPTER 1　リサーチのきほん

No. 09

［リサーチの新潮流］

IoTの発展でリサーチはどう変わっていくか

　2014年を境に、「IoT」というワードのネット検索数が伸びている。これはInternet of Thingsの頭文字を取ったもので、「モノのインターネット」を意味する。これまでITやデジタルとは無縁だと思われていたモノが次々とネットワークにつながっていく。

● ネットにつながるいろんな"モノ"

　ある調査によると、2022年には世界で7億台の自動車がネットにつながると予測されている。全世界には約10億台の自動車があるので7割にあたる数だ。走行ルートや操作情報、各部品のコンディションのデータがあれば、車両整備や渋滞緩和、パーソナライズされた自動車保険の提供などに役立つ。

　近年では住居もネットにつながり始めた。手元のスマートフォンでドアの開閉や照明の操作もできる。エアコンやロボット掃除機、冷蔵庫や電気ポットなど、IoTに対応した家電製品も販売されている。さらに、繊維にセンサーが織り込まれた服も開発が進んでいる。心拍や呼吸を測ることができるため、体調管理などに役立てられる。その他、文房具や歯ブラシや靴など、身の回りのあらゆるモノが続々とネットにつながり始めている。

● IoTデータ活用の可能性

　IoTの登場によって得られるデータは膨大である。モノがネットにつながることによって、**リアルな世界でも、生活者の行動パターンや特性をデータから把握できるようになった。顧客の自宅にある商品の状態**

もリアルタイムで把握できるため、企業は販売後も顧客にきめ細かなサービスやアフターフォローを提供できる。IoTの発展によってデータの量や種類は格段に増え、社会課題や各社のマーケティング課題の解決に役立てられていく（図9）。新たなデータの出現に伴い、リサーチの役割もますます広がっていくのである。

図9 ICT（情報通信技術）によるイノベーションと経済成長

出典：「平成28年版情報通信白書」（総務省）をもとに作成
http://www.soumu.go.jp/johotsusintokei/whitepaper/ja/h28/pdf/28point.pdf
[2.37MB]

> CHAPTER 1　リサーチのきほん

COLUMN　データの利活用とテクノロジーで拓かれる未来

　海外では無人のスーパーやコンビニが登場している。画像や音声の認識技術、センサーデータ、個人の嗜好や購買データなど、最新技術とデータを組み合わせて、オペレーションの半自動化や顧客1人ひとりに合った接客を進化させている。デジタルの世界ではパーソナライゼーションの取り組みが広がっているが、今後はリアルの世界でもデータを活用した取り組みが広がるだろう。1人ひとりの嗜好に合ったテレビCMや番組が自動的に放送される日が来るかもしれない。自分の好き嫌いや健康状態のデータがあれば、適切な献立を毎日自動的に決めて食材を発注し、ドローンや自動運転ロボットが自宅まで届けてくれるかもしれない。データとテクノロジーで夢は広がる。

　2017年5月30日に経済産業省から「新産業構造ビジョン」というレポートが公表されたのはご存じだろうか。「Connected Industries」というコンセプトで、2030年に向けてどのような社会を目指すのかが描かれている。将来像の実現や構造的課題の解決に向けて、ビッグデータやIoT、人工知能（AI）、ロボットなど、データとテクノロジーの活用に主眼が置かれている。従来のビジネスモデルや競争環境が大きく変わる可能性も秘めている。ビジネスの視点からも、プライベート（生活者）の視点からも興味深い内容が盛りだくさんなので、ぜひ目を通してみてほしい。

参考：「【全体版】新産業構造ビジョン」（経済産業省）
http://www.meti.go.jp/press/2017/05/20170530007/20170530007-2.pdf
［22.4MB］

CHAPTER 2

リサーチは何の役に立つ?

01 ビジネスの意思決定をサポートする
02 リサーチとマーケティングのサイクル
03 ブランドとエンゲージメント
04 オムニチャネル化する生活者の行動を捉える
05 「売れた理由」と「売れなかった理由」は何?
06 自社の「真の競合」は何か?
07 デジタル時代でも変わらない戦略の本質
08 ニーズをつかんで需要を創り出す
09 顧客のブランドスイッチを促す

> CHAPTER 2　リサーチは何の役に立つ?

No.
01　［事業を強くする］
ビジネスの意思決定を
サポートする

　情報を持たずに意思決定をすることは極めて危険だ。思いつきやその時の感情で判断していると、企業の持続的な成長は期待できない。リサーチで情報を獲得し、意思決定を行うことが望ましい。「社外の情報」と「社内の情報」を把握した上で、ビジネス判断を下すことが定石である。

● 外部環境分析のフレームワーク PEST 分析

　フィリップ・コトラーが提唱したPEST分析（表1）を用いることでマクロ動向を捉えることができる。これは、政治・経済・社会・技術の動きを分析するための枠組みだ。

　マクロ環境が変わると、ビジネスモデルの見直しを迫られることもある。例えば法改正や規制緩和によって、ビジネスのルールは大きく変わる。自社にとってビジネスチャンスになるのか、厳しい状況に陥るのか、注視しなければならない。景気動向や為替リスク、原材料の高騰など、国内外の経済動向もウォッチしておく必要がある。文化や慣習など、時代によって社会のあり方そのものも変化していく。

　自社の事業が永遠に存在する保証はない。社会の動きに合わせて、自社も変わっていかなければならない。新しい技術が出てくると自社の技術が衰退するリスクもある。特にインターネットの誕生やスマートフォンの普及など、**あらゆる業界の事業環境を変えてしまうようなテクノロジーには敏感でいなければならない**。業界全体の動きや競合他社の情報をつかむことで、自社の競争戦略を柔軟に見直すことも可能だ。

　そして何より、生活者について知っておかなければ、正しい意思決定は下せない（表2）。

表1 マクロ環境の分析フレーム（PEST分析）

マクロ環境		
	Politics 政治	政治情勢、政策、税制、法改正、条例、規制緩和、補助金、外交など
	Economy 経済	景気、株価、物価、為替、金利、雇用、所得、消費、貯蓄など
	Society 社会	人口動態、世論、文化、ライフスタイル、流行、教育、慣習、治安など
	Technology 技術	技術革新、特許、研究開発、代替技術の発明など

表2 ミクロ環境の分析フレーム

ミクロ環境		
	業界動向	業界特性、規模、成長率、収益構造、参入障壁、取引先、異業界など
	競合動向	経営戦略、事業展開、投資、M&A、市場占有率、バリューチェーンなど
	生活者動向	価値観、情報接触、時間の使い方、消費意識、趣味、嗜好、行動など

● 内部環境分析のフレームワーク VRIO分析

社内の情報を分析するには、ジェイ・B・バーニーが提唱したVRIO分析（表3）が役に立つ。自社が保有している経営資源（ヒト・モノ・カネ・情報）や、組織的な能力を分析するための枠組みだ。**自社の経営資源を客観的にリサーチする**ことにより、競争上の優位性や足りていないところを明らかにできる。社内の各事業や機能など、バリューチェーン（原材料の調達から、商品・サービスを顧客に提供するまでの企業活動のこと）と組み合わせて分析することで、自社の強みと弱みがわかる。

表3 内部環境の分析フレーム（VRIO分析）		
自社の経営資源	Value 価値	その経営資源には価値があるか？
	Rarity 稀少性	他社が保有していない経営資源を持っているか？
	Imitability 模倣可能性	他社に簡単に真似されない経営資源か？
	Organization 組織	経営資源を有効に活用する組織作りができているか？

● 意思決定のためのフレームワーク SWOT分析

1960年代にアルバート・ハンフリーが開発したSWOT分析は、経営戦略や事業戦略を考える際、多くの企業で活用されている。外部環境（機会・脅威）と内部環境（強み・弱み）をクロスさせることによって、4つの象限に分けて分析する（図1）。

自社の強みを生かせる事業機会があれば、参入や積極攻勢することが望ましい。例えば2017年6月には住宅宿泊事業法が成立した。今後、民泊事業に参入する事業者が増え、関連市場が拡大していくことが予想される。弱みを独力で強化することが難しければ、他社との協業も選択肢の一つだ。自社が弱い領域で、外部環境が好ましくなければ市場からの撤退を考える必要も生じる。スマートフォンの普及によって、従来型の携帯電話事業から撤退したメーカーの例もある。

社外で起きていることが自社にとって機会なのか脅威なのか、それを見極めることは容易ではない。しかも時期や場面によって状況は変わる。大切なことは、**外部環境と内部環境を綿密にリサーチした上で、短期・中長期の両視点でビジネスの意思決定を行う**ことだ。

図1 外部環境×内部環境で意思決定

マクロ環境	Politics 政治	政治情勢、政策、税制、法改正、条例、規制緩和、補助金、外交など
	Economy 経済	景気、株価、物価、為替、金利、雇用、所得、消費、貯蓄など
	Society 社会	人口動態、世論、文化、ライフスタイル、流行、教育、慣習、治安など
	Technology 技術	技術革新、特許、研究開発、代替技術の発明など
ミクロ環境	業界動向	業界特性、規模、成長率、収益構造、参入障壁、取引先、異業界など
	競合動向	経営戦略、事業展開、投資、M&A、市場占有率、バリューチェーンなど
	生活者動向	価値観、情報接触、時間の使い方、消費意識、趣味、嗜好、行動など

		外部環境	
		Opportunity 機会	Threat 脅威
内部環境	Strength 強み	参入・攻勢	回避・無力化
	Weakness 弱み	強化・協業	防衛・撤退

自社の経営資源	Value 価値	その経営資源には価値があるか？
	Rarity 稀少性	他社が保有していない経営資源を持っているか？
	Imitability 模倣可能性	他社に簡単に真似されない経営資源か？
	Organization 組織	経営資源を有効に活用する組織作りができているか？

No.
02 ［事業を強くする］
リサーチとマーケティングのサイクル

　リサーチはマーケティングの様々な場面で役に立つ。"**マーケティングは顧客の欲求からスタートする**"ということを念頭に置くと、生活者の理解・市場機会の特定からマーケティングは始まる。

　例えば、一昔前までは男性の化粧品は一般的ではなかったが、男性も肌のケアをしたいという欲求はあった。そこに潜在的な市場が大きく広がっていると感じた企業各社は、メンズコスメの市場を創り出した。いまや日常的に化粧水や乳液を使用する男性も少なくない。このように、生活者の意識や価値観などを調べることで、新たなビジネス機会を発見できる。

● マーケティング戦略を左右するリサーチ

　さらに、**同じようなニーズを持つ潜在的な顧客数を推計できれば、その市場の規模を知ることも可能**だ。どの年代を中心に商品を展開するか、どのような形で競合との差別化を図るか、どのくらいのシェアを獲得するかなど、マーケティング戦略を考える上でもリサーチが役立つ。

　商品の発売前には、試作品の評価や広告表現に対する声をリサーチすることもできる。発売前のアンケートで高い評価を得られるまで発売しないと決めている企業もある。発売後には売上推移はもちろん、各マーケティング施策の効果を定期的にリサーチし、持続的な改善を図っていく。**データがあれば、売行が悪くても原因を把握しやすくなる**ため、素早い軌道修正が可能だ。リサーチやデータを活用しながら、マーケティングのPDCAサイクルを高速で回し続けることによって、"**買ってもらえる仕組み作り**"が実現されていく（図2）。

図2 マーケティングPDCAとリサーチ

- 最近の消費動向は?
- 生活者の意識や価値観は?
- 情報接触行動に変化はある?
- 競争環境は? マクロ動向は?
- 市場規模はどのくらい?

- どのような市場に分けられる?
- 誰をターゲットにする?
- どのポジションを狙う?
- どういうブランドを形成する?
- どのくらいの市場シェアを狙う?

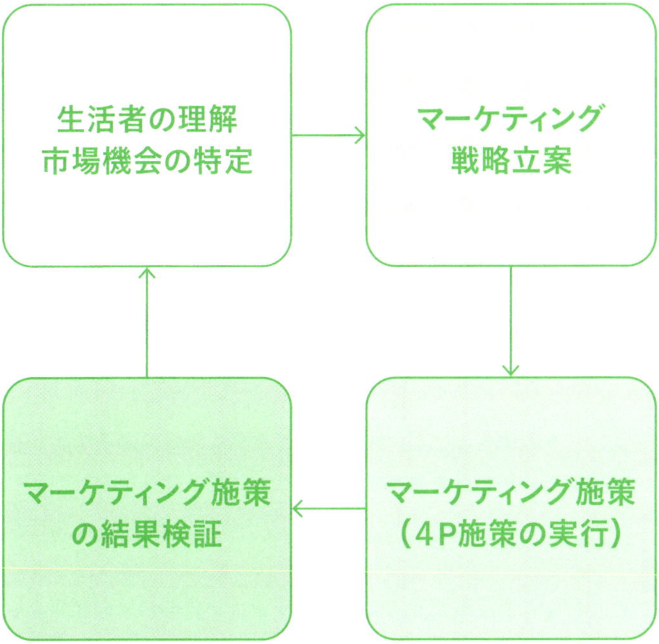

生活者の理解 / 市場機会の特定 → **マーケティング戦略立案**

↑ ↓

マーケティング施策の結果検証 ← **マーケティング施策(4P施策の実行)**

- 誰にどのくらい売れた?
- 価格設定は適切?
- 販売チャネルによる偏りは?
- メッセージは届いている?
- 十分な認知を獲得できている?

- どのような商品を作る?
- いくらで提供する?
- どこで販売する?
- どのような広告で訴求する?
- 誰にどうやって知ってもらう?

No. 03 [事業を強くする] ブランドとエンゲージメント

　ブランドの分析や強化にも、リサーチは役立つ。ブランドとは**「他のものと明確に識別されること」**を指す。識別される度合いが大きいと「ブランドが際立っている」、あるいは、イメージがよい場合は「ブランドイメージがよい」という言葉で表現される。ブランドというと、高級なファッションアイテムを思い浮かべる人が多いが、様々な企業や商品でブランドは強化されている。

　特に強いブランドは一般名詞化する。「LINEするね」「宅急便送るよ」「タバスコ欲しい」。これらはそれぞれLINE、ヤマト運輸、米マキルヘニー社の商標である。商品名が一般名詞のように使われ始めると、かなり強力なブランドとして認識されているといえる。

● ブランド力を分析する

　ブランドを強化するにも、生活者の価値観や意識を知ることが重要だ。商品を選ぶ時に何を重視しているのか、自社商品や他社商品にどのようなイメージを持っているのか。図3のような**ブランド連想構造分析**から、ブランドを強化するヒントを得られる。訴求すべきイメージがわかれば、商品戦略やコミュニケーション戦略にその要素を組み込むことができる。

　生活者と企業の間に生まれる絆を**エンゲージメント**と呼ぶ。企業の一方的な情報発信では、生活者との間に絆を作ることは難しい。どのような取り組みをすれば、共感や愛着を持ってもらうことができるのか、生活者の視点で考えなければならない。

　当然ながら、売れれば何をしてもよいというわけではない。長年か

けて強化してきたブランドも、何かのきっかけから一瞬で失墜し、顧客が離れていくこともある。何をすると顧客が離れていくのか、何をすれば新しい顧客とのつながりが生まれるのか、定期的なリサーチを行うことによって、「顧客と信頼関係を築く方法」や「自社のブランドを強化する方法」を知ることができる。

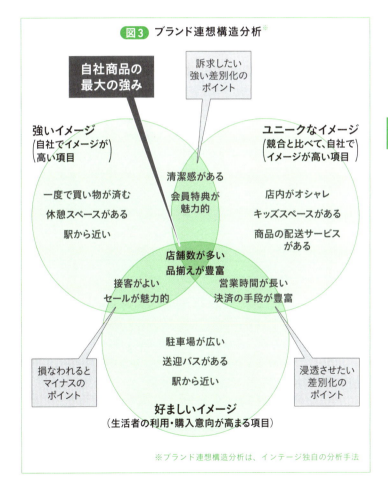

No. 04 [現状をよく理解する] オムニチャネル化する生活者の行動を捉える

オムニチャネル（Omni-Channel）という言葉が2013年あたりから目立つようになった。オムニは「すべての」という意味で、すなわちオムニチャネルは「すべての経路」を指す。オンライン・オフラインのすべてのチャネルについて、**生活者が特にその違いを意識することなく、シームレスに利用できる状態を構築**しようという取り組みである。

例えば、実店舗を持つ小売企業がネットスーパーをオープンし、1人ひとりの顧客に対してオンラインでもオフラインでも同じ人物として認識できれば、顧客への提供価値を高めることができる。「いつも実店舗で買っているが、今週は忙しいのでネットで注文したい顧客」あるいは「夜中にネットで注文した商品を翌日の会社帰りに店舗で受け取りたい顧客」に向けて適切なおもてなしを実現できる。

● ネット企業のリアル化

逆の動きとして、ネット企業では実店舗を出店する動きが加速している。AmazonはAmazon BooksやAmazon Goなど、実店舗を立て続けに出店。実店舗を持つWhole Foods Marketを買収したことも業界内外に大きなインパクトを与えた。

オンラインショッピングが増えたといっても、**小売の9割はまだ実店舗での買い物が占める**。デジタル化が進み、ネットと実店舗がシームレスになってきているからこそ、オフラインの重要性が再認識されている。

生活者がどこで商品やサービスを認知して、どのタイミングで欲しくなったのか、決め手は何だったのか、なぜそこで買ったのか、全体

像がわかりづらくなっている。図4で例示したように生活者の行動をリサーチして、情報接触のタイミングや、購入に至る意識や動線がわかれば、自社の戦略に反映できる。**異なるチャネルを統合して「カスタマーエクスペリエンス（顧客経験）」をどうデザインしていくか**、小売のみならず、メーカー、サービス業、広告会社など、あらゆる業界で生活者の一連の行動を把握するニーズが高まっている。

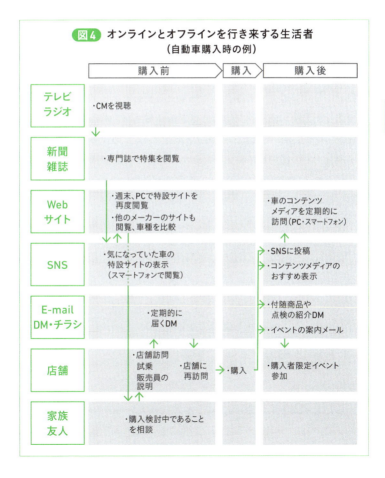

図4 オンラインとオフラインを行き来する生活者（自動車購入時の例）

No. 05 ［現状をよく理解する］
「売れた理由」と「売れなかった理由」は何？

● 売れなかった理由をリサーチする意義

商品を発売すると、売行がよいものとそうでないものが出てくる。売行がよくない時に「なぜ売れていないのか」を追究することは極めて重要だ。「景気が悪いからなぁ。よし、値下げしよう」「もっと広告を出せば？」など、確証がない状態で打ち手を考えるのは危険だ。費用ばかりが出ていき、利益に悪影響を与えるかもしれない。

理由を知るには、順を追って状況を把握することが必要だ。世界経済が不況なのか、国内経済が低調なのか、業界全体が衰退傾向にあるのか、業界全体は好調なのに自社の業績がよくないのか、今回発売した商品に限って売行が不調なのか、まずは背景を探りたい。

仮説を持つことができれば、さらにリサーチを進める。誰に対する売行がよくないのか、どの販売チャネルで低調なのかをリサーチすることで適切な対策を打てる。例えば、①計画ほど20代に売れていない、②特にコンビニで売上が伸びていない、③商品パッケージが若者向けでないと思われている、ということがわかれば、業績改善に効果的なマーケティング施策を実行できる。

● 売れた理由をリサーチする意義

売行がよい時にも、やはりリサーチや分析が必要だ。「20代向けに発売したお酒が、実は20代にほとんど売れておらず50代に大ヒットしていた」というケースもある。**売行が好調だとしても、当初計画していた状況とズレがあるなら、今後のマーケティングを見直す必要がある**

（図5）。この例の場合、売れている本当の理由を知らなければ、誤って20代向けのマーケティング施策に資金を投入し続けたことだろう。

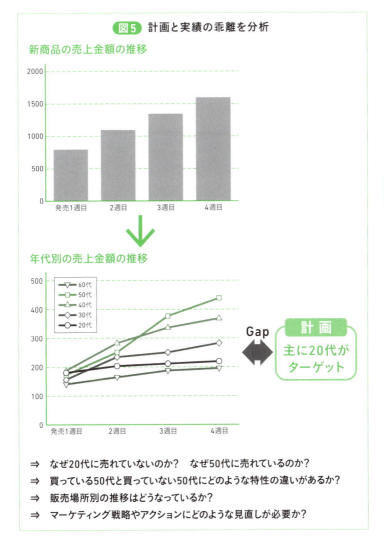

図5 計画と実績の乖離を分析

⇒ なぜ20代に売れていないのか？ なぜ50代に売れているのか？
⇒ 買っている50代と買っていない50代にどのような特性の違いがあるか？
⇒ 販売場所別の推移はどうなっているか？
⇒ マーケティング戦略やアクションにどのような見直しが必要か？

> CHAPTER 2　リサーチは何の役に立つ？

No. 06 ［現状をよく理解する］
自社の「真の競合」は何か？

● 所得と時間の奪い合い

あなたは自社の商品やサービスの競合が何か、知っているだろうか？ 売上が伸びた時、「売れた理由を知ることが重要である」というのは前節で述べた。「誰がなぜ買ってくれたのか」に加え、「代わりに何を買わなくなったのか」「なぜそれを買わなくなったのか」を調べることも大切だ。**何が自社の真の競合なのかを知る**ことで、顧客の新規獲得あるいは離脱防止に役立つ。

生活者の所得が変わらないとすると、何かを新たに買えば何かを買わなくなることが多い。つまり、様々な業界で生活者の可処分所得を奪い合っているのだ。

時間の奪い合いはもっとシビアだ。収入が増えれば消費は増える傾向にあるが、どれだけ頑張っても1日24時間という上限は増えない。何かに時間を費やせば、必ず他の何かに費やしていた時間はなくなる。**生活者に時間を使ってもらうという意味では、同じ商品群だけでなく、あらゆるものが競合といえる。**

● 思いがけない競争相手

生活者の視点で考えると、様々な商品・サービスが競合になる（図6）。「ストレス発散」を求めている生活者の場合、カラオケに行くか、スイーツを食べるかで迷っているかもしれない。すると、カラオケ店、カフェ、ケーキ屋、菓子メーカーが競合になり得る。

新たな技術革新やイノベーションが起きた場合も注意が必要だ。ス

マートフォンの普及が始まった2010年以降、デジタルカメラの出荷数量は下がり続けている。同じ商品群だけを競合として見ていると、思いがけない商品やサービスに顧客が移ってしまう。**生活者が求めているベネフィットを起点に競合を把握すること**、その上で競争に勝ち続けるための戦略を考えることが不可欠な時代である。

図6　生活者視点で考える競争環境

[戦略と施策に活用する]

No. 07 デジタル時代でも変わらない戦略の本質

● 事業拡大のフレームワーク

時代が変わっても**「誰に、何を提供するか」**という枠組みは変わらない。市場（誰に）と商品（何を）の切り口をそれぞれ既存と新規に区分することで、4つの象限を作ることができる。これが事業拡大を考えるフレームワークとして有名な「アンゾフの成長マトリックス」である（図7）。マーケティング施策を考える前に、「どの象限で事業を拡大していくか」を決める必要がある。

● アンゾフの成長マトリックスとリサーチの視点

象限によって、リサーチするべき内容は変わってくる。コーヒー専門のカフェを例に考えてみよう。

「既存顧客に既存商品の提供を増やす」場合、来店頻度の向上や、注文のサイズアップが事業拡大につながる。既存顧客をリサーチした結果、より多く買ってくれそうな顧客を特定できれば、来店促進や単価アップの施策を打つことができる。

「既存顧客に新商品を提供する」場合は、コーヒーのついでにケーキやお菓子も買ってもらう施策（クロスセル）や、単価の高い良質なコーヒーを買ってもらう施策（アップセル）に向けたリサーチが必要だ。

「新規顧客に既存商品を買ってもらう」は、未出店エリアへの出店や、コンビニでの商品販売などが挙げられる。この時、商圏調査やチャネルに関するリサーチが役立つ。

「新規顧客に新規商品を買ってもらう」は、例えば紅茶専門カフェ

を新たな事業として始める、という戦略だ。4象限の中で最もリスクが高いので、市場・商品の両面で綿密なリサーチが求められる。

図7 アンゾフの成長マトリックス

商品・サービス

	既存	新規
市場・顧客　既存	**市場浸透** 市場シェアの拡大 使用頻度の向上 利用場面の提案	**新商品開発** 商品ラインナップの拡充 新ブランドの追加投入 派生ブランドの開発
市場・顧客　新規	**新市場開拓** 新規顧客層の獲得 新しい販路の開拓 新地域への進出	**(狭義の)多角化** 水平型多角化 垂直型多角化 集中型多角化 集成型多角化

リサーチの視点

市場浸透
- 市場規模や各社のシェアはどのくらい?
- 競合商品から自社商品にスイッチさせる策は?
- 購入頻度を高めるにはどうすればよい?

新商品開発
- どのような商品が顧客に求められているか?
- 新商品のコンセプトは既存顧客に受け入れられるか?
- どのくらい広告を出稿するのが適切か?

新市場開拓
- どのくらいの市場ポテンシャルや成長性があるか?
- どのような場所に新たにビジネスチャンスがあるか?
- 海外の市場動向は? どの国に進出すべきか?

多角化
- 参入を考えている領域の競争環境は?
- どのような客層へのアプローチが必要になるか?
- 自社のブランドイメージにどのような影響があるか?

No. 08　［戦略と施策に活用する］

ニーズをつかんで需要を創り出す

　生活者のニーズをつかんだ商品やサービスを他社よりも早く提供できれば、**先行者利益の獲得**を期待できる。

　「1000曲をポケットに」というメッセージと共に発売された初代iPodは、瞬く間に生活者に受け入れられ、市場を代表する商品となった。これは、「たくさんの音楽を持ち運びたい」という潜在的なニーズに応えた結果といえる。ロボット掃除機の先発として登場したルンバは、掃除が面倒だと感じていた生活者から多くの支持を受け、市場シェアトップを獲得している。

● 国内の需要創出の例

　国内を見ても、生活者のニーズをつかみ、新たな需要を創り出している企業は多い（図8）。

　2009年頃からノンアルコール飲料の市場は大きく伸びている。ドライバーや妊婦も楽しめる本格的な味わいが受け入れられ、一時的なブームではなく定番商品となった。健康やダイエットのニーズに伴い、トクホ（特定保健用食品）のお茶や炭酸飲料も登場している。「洗濯の後に少しだけよい香りを残したい」というニーズが増えてきたことを背景に、香りつき柔軟剤の市場も活況だ。

　スーパーやコンビニ、ドラッグストアなどの小売各社も、来店客のニーズに応える品揃えやサービスの拡充を強化している。

● ニーズをつかむ3つの方法

生活者に「何が欲しい？」と直接的に尋ねても、実はその答えにはあまり期待できない。多くの生活者が自分の欲しいものをよくわかっていないためだ。ではどうすればよいのか。

ニーズをつかむ方法が3つあると筆者は考えている。**「事実データ」「観察」「共創」**だ。

○ 事実データ

どの業界が活況か、何のカテゴリが伸びているか、生活者のメディア接触や消費行動はどう変わっているか、どのようなワードが検索されているかなど、事実データを分析すればトレンドの変化や兆しに気づくことができる。ビッグデータを **AI（人工知能）** で分析することで、思いがけない発見に至ることもある。

○ 観察

また、生活者の普段の暮らしや購買行動を観察するというリサーチ手法では、生活者自身も気づいていない不便さを発見できる可能性がある。洗濯や掃除、料理や晩酌など日常的な風景を観察することもあれば、Webページをどのように見ているか、あるいはテレビ番組を見ている時にスマートフォンで何をしているか、といった観察もある。一挙手一投足を注意深く観察することで、生活者が無意識的に困っていることや新たなビジネス機会を見出すことができる。

○ 共創

加えて、商品やサービスを生活者と一緒に考える取り組みも増えてきた。**情報のアンテナや消費感度の高い生活者のチカラを借りることで、生活者起点の発想やアイデアが生まれる。**

● ニーズのポテンシャルを見極める

　ニーズをつかんでも安心はできない。世の中に広く浸透していくためには、「イノベータ理論」といわれる需要の広がり方を念頭に置いておく必要がある（図9）。イノベータとは、最新の商品や革新的なサービスが大好きな生活者を指す。アーリー・アダプター（初期採用者）は、新しいものに対するアンテナが比較的高く、情報収集や他者へのおすすめも積極的に行う。アーリー・アダプターは**オピニオン・リーダー**ともいわれており、マーケティングやリサーチを考える上で動向を注視している企業が多い。イノベータとアーリー・アダプターの割合を合わせると16.0％になるが、このラインを超えられるか否かで、広く普及するかどうかが決まる。

　特徴的なニーズをつかんだら、そのニーズを持っていそうな生活者を具体的にイメージすることが重要だ。**同じようなニーズを持つ生活者がどのくらいいるのか**、リサーチやデータから推計できれば普及の度合いを見通すことができる。

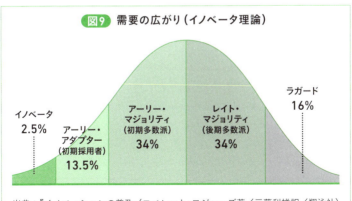

図9 需要の広がり（イノベータ理論）

イノベータ 2.5％
アーリー・アダプター（初期採用者）13.5％
アーリー・マジョリティ（初期多数派）34％
レイト・マジョリティ（後期多数派）34％
ラガード 16％

出典：『イノベーションの普及』(エベレット・ロジャーズ著／三藤利雄訳／翔泳社)をもとに作成

> CHAPTER 2　リサーチは何の役に立つ?

No. 09 ［戦略と施策に活用する］
顧客のブランドスイッチを促す

　前述のように、生活者は何かを買うと、代わりに他のものの購入をやめることが多い。支出できるお金には限りがあるからだ。**自社の商品やサービスを買ってもらおうと思ったら、他の何かを買うことをやめてもらわなければならない。**

　どの商品からのスイッチ（切り替え）を狙うのか、買い替えてくれそうなのはどの顧客層か、どうやってスイッチさせるのか、各社が工夫を重ねている。

● 商品特性によって異なるスイッチの流れ

　飲料やシャンプーなど日用消費財の場合、スーパーやコンビニの陳列棚のスペースは限られているため競争が熾烈だ。大きな投資をして1年かけて作った商品も、売行が悪ければ数週間で棚から消えてしまう。また、日用消費財は買い替えサイクルが短いので、自社商品を買ってくれても安心はできない。試し買いしただけなのか、気に入ってリピートしているのか、見極めが必要だ。

　自動車や家電製品などの耐久消費財では、別の視点が求められる。日用消費財に比べると価格は高くなるので、顧客からすると他社の商品に買い替えるハードルは上がる。「失敗したくない」という心理が働くので、購入に至るまでの納得感と信頼がカギになる。また、他社の商品を買うと、使用中の数年間において、自社の商品が買われる機会は少ない。買い替えのタイミングにどうすれば自社の商品を選んでもらえるか、リサーチやデータをもとに戦略を練る。

　レジャー施設や教育プログラムなど、実際に利用してみないと価値

を体感できないサービス業では、無料お試しキャンペーンや初回割引で利用を促し、他社サービスからのスイッチを狙っている。ここでは潜在顧客の意識や行動の把握が重要になる。

競合商品から自社商品にスイッチしてもらえるように、あるいは競合商品にスイッチされないように、リサーチにもとづく持続的なマーケティング施策を立てる必要がある。

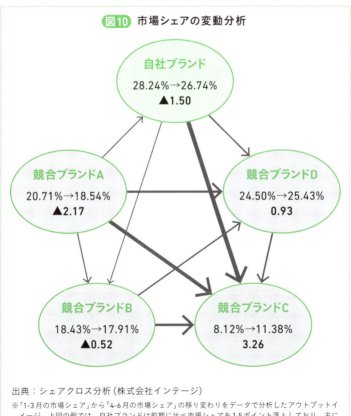

図10 市場シェアの変動分析

出典：シェアクロス分析（株式会社インテージ）

※「1-3月の市場シェア」から「4-6月の市場シェア」の移り変わりをデータで分析したアウトプットイメージ。上図の例では、自社ブランドは前期に比べ市場シェアを1.5ポイント落としており、主に競合ブランドCに顧客を取られていることがわかる。

COLUMN 生活者視点を養う方法

　日々、会社で仕事をしていると、つい自社の視点で物事を考えがちになる。自社の視点も大切だが、そればかり強くなってしまうと仮説やアイデアが偏ってしまう。「マーケティングは顧客の欲求から始まる」ということを考えると、生活者の視点を養うことがマーケティングやリサーチに役立つといえる。

　最も身近な方法は、「自分自身の行動や思いを振り返る」ということだ。どこでそれを知ったのか、なぜ興味を持ったのか、どのような視点で比較したのか、購入の決め手は何だったのか。自らを振り返り、可能なら言語化する。第2章の図4のようなフォーマットを用いて、あなた自身のカスタマージャーニーを描いてみることで、リサーチやマーケティングの勘所がわかるだろう。家族や友人に尋ねてみることで、別の視点を持つこともできる。

　観察することも有意義な方法だ。筆者は自転車が好きなので、訪れたことがない場所に自転車で出かけ、その街に住む人々や生活環境に思いを巡らせることがある。人々のファッション、表情、立ち並ぶ住宅、出店している業態やジャンル、看板広告など、街によって趣はまったく異なる。

　生活者の視点を養う機会はネット上にも数多く存在する。SNSでつぶやかれた内容や投稿された写真、ニュースに対するコメントなど、それらの情報を自分の中で咀嚼することで、幅広い生活者の視点を短時間のうちにインプットできる。特に、注目を集めているものや流行っているものには敏感でありたい。そういったものの中には、生活者を知るためのヒントが豊富に潜んでいる。

CHAPTER 3

リサーチを始める前に

01 リサーチは課題解決の手段
02 「仮説」を立ててみよう
03 すでにあるデータを活用する
04 フレームワークを活用する
05 アウトプット志向でムダをなくす
06 リサーチ課題を設定する
07 自社で調べるか？ 他社に委託するか？
08 知っておきたい「委託先の選び方」
09 品質とコストのバランスを意識する

No. 01 ［根拠なきアイデアからの脱却］
リサーチは課題解決の手段

　あなたは今、どのようなことでお困りだろうか？「売上が下がっている」「営業成績が悪い」「お客様が来ない」など、仕事をしていると様々な困りごとが発生する。困っている状態、すなわち**目標と現状のギャップを「問題」という**。これらの「問題」にいきなり対処しようと思っても、具体的に何をすればよいのかわからない。ふと、「問題解消できそうなアイデアを思いついた！」と思っても、成果が上がる根拠はない。

● 課題を正しく設定する

　目標と現状のギャップ（＝問題）を解消するためにやるべきことを「課題」という。コンビニの例で考えてみよう。前年並みの目標を立てたものの、現状の売上が不調である場合、「前年に比べて売上高が下がっている」という問題が発生している。このような問題を解消する課題は「どのような品揃えにすべきか」や「接客をどう改善すべきか」といったものである。

　問題が発生した時には、「なぜ？」を繰り返しながら、図1のような樹形図を **MECE*** で描くことをおすすめする。なぜなら、例えば「購入客数の減少」と「購入金額の減少」のどちらに売上不調の原因があるのかによって、課題や解決のアプローチはまったく異なるからだ。

　課題は、問題を解消できるものでなければならない。仮に、商圏人口（≒お店の近くの住人）が大幅に減っているという事実がわかれば、品揃えや接客とは異なる次元の課題設定が必要だ。問題に大きな影響を与えている原因の把握や、課題を解決する手段として、リサーチは大いに役立つ。

* MECE：Mutually Exclusive and Collectively Exhaustive の頭文字を取ったもので、「重複がなく漏れがない状態」を指す言葉である

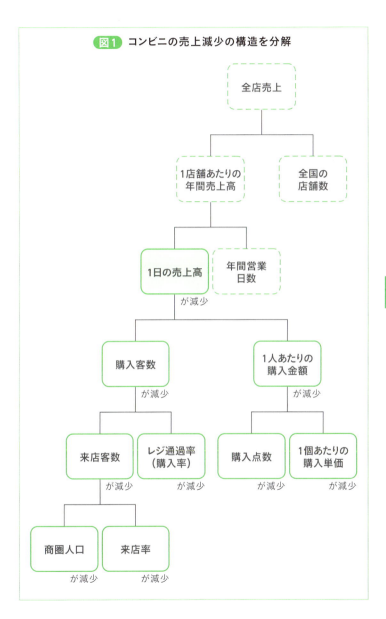

図1 コンビニの売上減少の構造を分解

No.02 [根拠なきアイデアからの脱却]
「仮説」を立ててみよう

　課題解決のスピードアップを図るには、仮説が重要だ。意思決定の迅速化が求められている昨今、なるべく早く課題を設定し、情報を集め、対策を打つことが重要である。仮にでも答えを定めることで、情報収集やアクション実行のスピードを飛躍的に高めることができる。

　導き出したリサーチ結果やデータをもとに、戦略を立て、施策を実行する。戦略や施策がうまく機能したのかを測ることで、新たな問題を認識することもできる。このような**仮説検証と施策実行のサイクル**（図2）を高速で回すことができれば、市場や生活者の変化に合わせ、迅速なマーケティングを実行することが可能になる。

● サイクルの自動化

　デジタルマーケティングの領域では、ある程度この**サイクルを自動的に回す**という取り組みが活況だ。Webサイトにアクセスした時やECサイトで商品を購入した時には、その都度データが蓄積されていく。これらの膨大なデータを情報源とし、「この顧客は次にこの商品を買いそうだ」「このユーザーにはこのメッセージを表示するとクリックしてくれる」という仮説を自動的に導き出し、即座に施策に反映される。顧客がどのように反応したかという情報についても、自動的にデータが蓄積され、次のアクションに反映されていく。仮説立案から施策の実行、効果の検証まで、驚異的なスピードで完結するのだ。このようなマーケティングオートメーションの取り組みは、**機械学習**や**ディープラーニング（深層学習）**によって、今後さらに進化するといわれている。

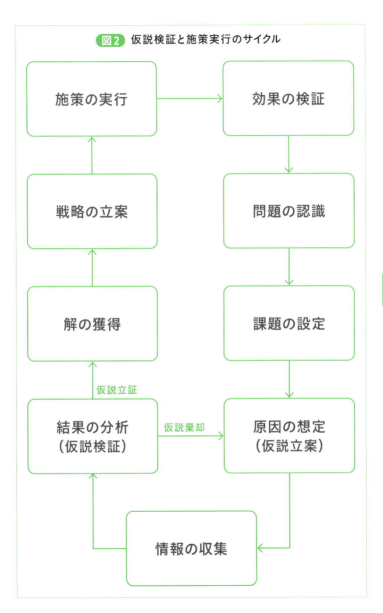

図2 仮説検証と施策実行のサイクル

No. 03 ［根拠なきアイデアからの脱却］ すでにあるデータを活用する

　売上データや顧客情報、マーケティング施策の結果など、社内のデータを活用して課題の発見や仮説の立案に役立てている企業も多い。自社で保有している情報で足りない場合は、社外の情報に頼ればよい。インターネットには、**官公庁や業界団体、調査機関が公開しているリサーチ結果**が数多く存在する。

● 官公庁や業界団体の公開情報

　総務省統計局は2017年5月に**「統計ダッシュボード」**を公開した。人口や景気動向など、誰でも簡単に統計データを見ることができる。各省庁のWebサイトには、さらに多くの統計データが公開されている（表1）。

　業界団体のWebサイトにも有用な情報が掲載されているので活用したい。例えば、日本フランチャイズチェーン協会ではコンビニの店舗数や来店客数、平均客単価などを毎月公開している。自動車検査登録情報協会のWebサイトでは、都道府県別やメーカー別に自動車の保有台数が公開されている。

● メディアや調査機関のレポート

　新聞記事や業界雑誌、金融機関や調査機関のレポートも役に立つ。筆者が所属する会社では「インテージ 知る ギャラリー」というサイトで、生活者の実態を知ることができるコンテンツや、最新のマーケティングトレンドを公開している。また、日本経済新聞社が運営する「日経テレコン」は有料だが、1億本以上の過去記事を検索できるの

で、業界動向や特定の領域の情報を短時間で集めたい時に重宝する。

　このように、官民問わず、様々なデータや報告書を気軽に入手することができるので、実態を知りたい時や、仮説を立てたい時に活用してみるとよいだろう。

表1　日本の基幹統計一覧

府省	統計名	府省	統計名	府省	統計名
内閣府	国民経済計算(注1)	文部科学省	学校基本統計	経済産業省	工業統計
総務省	国勢統計		学校保健統計		経済産業省生産動態統計
	住宅・土地統計		学校教員統計		商業統計
	労働力統計		社会教育統計		ガス事業生産動態統計
	小売物価統計	厚生労働省	人口動態統計		石油製品需給動態統計
	家計統計		毎月勤労統計		商業動態統計
	個人企業経済統計		薬事工業生産動態統計		特定サービス産業実態統計
	科学技術研究統計		医療施設統計		経済産業省特定業種石油等消費統計
	地方公務員給与実態統計		患者統計		経済産業省企業活動基本統計
	就業構造基本統計		賃金構造基本統計		鉱工業指数(注1)
	全国消費実態統計		国民生活基礎統計	国土交通省	港湾統計
	社会生活基本統計		生命表(注1)		造船造機統計
	経済構造統計(注2)		社会保障費用統計(注1)		建築着工統計
	産業連関表(注1)(注3)	農林水産省	農林業構造統計		鉄道車両等生産動態統計
	人口推計(注1)(注4)		牛乳乳製品統計		建設工事統計
財務省	法人企業統計		作物統計		船員労働統計
国税庁	民間給与実態統計		海面漁業生産統計		自動車輸送統計
			漁業構造統計		内航船舶輸送統計
			木材統計		法人土地・建物基本統計
			農業経営統計		

(平成28年10月31日時点)

(注1) 国民経済計算、産業連関表、生命表、社会保障費用統計、鉱工業指数及び人口推計は、他の統計を加工することによって作成される「加工統計」であり、その他の統計は統計調査によって作成される。
(注2) 経済構造統計は、総務省の外、経済産業省も作成者となっている。
(注3) 産業連関表は、総務省の外、内閣府、金融庁、財務省、文部科学省、厚生労働省、農林水産省、経済産業省、国土交通省及び環境省も作成者となっている。
(注4) 人口推計は、平成28年10月18日に基幹統計として指定された。なお、この指定は平成29年度に公表するものから効力を生じることとしている。

出典：「基幹統計一覧」(総務省)
http://www.soumu.go.jp/main_content/000472737.pdf [280KB]

No. 04 [必要な情報を特定する] フレームワークを活用する

　問題の構造や課題を考える時には、フレームワークを活用することで情報を整理できる。第1章では、マーケティングの基本的な枠組みとして、STPや4P、4Cを紹介した。第2章の冒頭では、PEST分析やVRIO分析、SWOT分析などのフレームワークを使用した。

　フレームワークを活用すると、**「何を知っていて、何を知らないか」「どのような情報を集めなければならないか」を見える化できる**。自分自身の頭を整理できるだけでなく、社内外の関係者と同じフレームワークを使って話すことで、共通の認識を持つことができ、コミュニケーションの不一致やロスを防ぐこともできる。Customer（市場・顧客）、Competitor（競合）、Company（自社）の頭文字から名づけられた **3C分析**（図3）や、マイケル・ポーターが著書『競争の戦略』で提唱した **5 Forces分析**（図4）は自社の戦略を考える時に役立つ。

● 購入までのプロセスを把握するためのフレームワーク

　AIDMAでは、認知から購入までのプロセスを追うことができる。購入に至らないのは認知が足りていないからなのか、興味喚起が足りていないからなのか、ボトルネックを把握できる。

　インターネットの登場に伴い情報収集や発信に変化が出てきたことから、**AISAS**や**AISCEAS**というフレームワークも登場した（図5）。いつ何を検索したのか、購入後にどのような情報を発信したのか、という目が必要だ。世の中には数多くのフレームワークがあるので、ビジネスの場面に合わせて活用してほしい。

出典:「ICT インフラの進展が国民のライフスタイルや社会環境等に及ぼした影響と相互関係に関する調査研究」(総務省)をもとに作成
http://www.soumu.go.jp/johotsusintokei/linkdata/h23_06_houkoku.pdf [2.37MB]

> CHAPTER 3　リサーチを始める前に

No. 05 ［必要な情報を特定する］
アウトプット志向でムダをなくす

　仮説を立てる時やフレームワークを用いて情報を整理する時、常にアウトプットを意識しておくことが大切だ。ビジネスではアウトプットが重視される。多くの情報を集めても使えなければ意味がない。経営者や事業の責任者は結果や結論を重視する。長い時間をかけて難しい分析をしたものの、「結局何が言いたいの？」「どう役立つの？」と指摘を受けるようなリサーチは、最初にアウトプットを定義できていない。

● 情報収集と分析はアウトプットを明確にしてから

　リサーチは、ゴールから逆算して情報収集や分析をする「**アウトプット志向**」でなければならない。どのようなアウトプットがあれば仮説を検証できるか、解決策を考える糸口になるか、「ここに向かう」という場所を決めてから動く。アウトプットが定まっていないと、あれも調べなきゃ、これも聞きたい、と情報収集がいつまでたっても終わらない。

　アウトプットが決まっていなければ、情報が集まっても、データ分析に延々と時間を費やすことにもなる。昨年と違いはあるのか、年代別に分析するとどうか、居住地域別に差があるのではないか、家族構成や世帯収入も念のため分析してみよう、消費傾向と価値観の関係性をもう少し深く分析したほうがよいのでは……。このような事態に陥ると、データの集計や分析そのものが目的化していく。

　大量にデータがあると際限なく分析できてしまう。新しい発見があるのではないか、とワクワクする気持ちもわかる。しかし、長い期間をかけているとトレンドは変わってしまう。競合に先手を打たれる可

能性もある。必要なアウトプットを整理し、道筋を明確にしてから、リサーチに臨むことが求められる（図6）。

図6 アウトプットの明確化

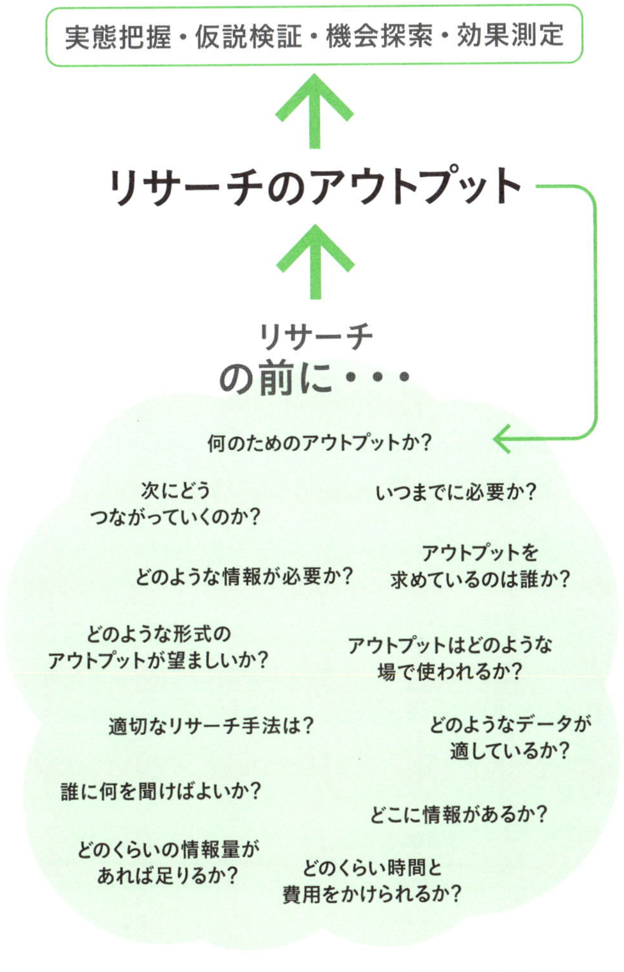

実態把握・仮説検証・機会探索・効果測定

リサーチのアウトプット

リサーチの前に・・・

何のためのアウトプットか？

次にどうつながっていくのか？

いつまでに必要か？

どのような情報が必要か？

アウトプットを求めているのは誰か？

どのような形式のアウトプットが望ましいか？

アウトプットはどのような場で使われるか？

適切なリサーチ手法は？

どのようなデータが適しているか？

誰に何を聞けばよいか？

どこに情報があるか？

どのくらいの情報量があれば足りるか？

どのくらい時間と費用をかけられるか？

No. 06 [必要な情報を特定する] リサーチ課題を設定する

　仮説の検証や具体的なアウトプットに向けて、事業やマーケティングの課題をリサーチ課題に変換する必要がある。

　アンケートや従来のリサーチで得られる情報の他、自社のアプリやWebサイトへのアクセスログ、SNSで発信されたテキストや画像の情報、GPSやRFIDで読み取ったセンサーデータなど、数多くの情報やデータが次々と生まれている。これらのデータをもとに高度な技術を使って解析したが「アクションに結びつかない」「ありきたりの結果しか得られない」という理由で、「データ分析やリサーチは役に立たない」と結論づける企業もある。その多くは「リサーチ課題の設定」や「データ分析・活用の目的」があいまいであることに原因がある。

● リサーチの目的と課題を明確にする

　AI（人工知能）による探索型のアプローチが可能になったとはいえ、リサーチ課題の設定は依然として重要だ。**「どのような情報があれば次のステップに進むことができるか」**という視点で、課題に合った適切な方法を用い、必要な情報を手に入れることが効果的だ。難易度の高い経営課題でも、場合によってはシンプルなデータとリサーチの組み合わせで道筋を示せることもある。

　新商品開発を進める際のリサーチ課題を図7に記した。**それぞれのフェーズでリサーチの課題は違う**ことがわかる。新商品のアイデアを出したい場合と実際の売行を把握したい場合とでは、用いるデータやリサーチ方法は異なる。全体の流れを見える化し、「必要な情報は何か」を特定することが大切だ。

図7 リサーチ課題の例

新商品開発の大まかな流れ	リサーチ課題の例
計画	
市場理解・生活者理解	生活者が求めているものやトレンドを知る
競争環境理解	各社の市場シェアや競争状況を把握する
セグメント・ターゲット選定	魅力的なセグメントやターゲットを探し出す
新商品アイデア出し	生活者と一緒にアイデアを膨らませる
新商品アイデア絞り込み	ターゲット層にアイデアを評価してもらう
商品コンセプト・提供価値検討	商品コンセプト・提供価値の魅力度を測る
開発	
商品試作	ターゲット層に試作品を評価してもらう
ネーミング開発・デザイン制作	商品名称やデザインを絞り込む
広告表現・プロモーション検討	制作した広告表現の有効性を検証する
受容性評価	受け入れられる価格帯を確認する
商品試作品ブラッシュアップ	ターゲット層に試作品を再評価してもらう
需要予測・売上計画作成	誰にどのくらい売れそうか事前に予測する
マーケティング実行計画作成	最適な販売場所やメディア展開を調べる
発売前最終評価	ターゲット視点で最終的なチェックをする
発売	
販売開始	どこでどのように販売されているか知る／店頭価格や陳列状況を把握する
施策・効果測定	
プレスリリース・PR展開	どこにどのくらい掲載・放送されたか調べる
広告・プロモーション展開	誰にどのくらいリーチしたか測定する
売行の把握	いつどこで誰にどのくらい売れたか調べる
評判・クチコミの把握	ネット上のクチコミ（ポジ・ネガ）を把握する
マーケティング施策の評価	購入者・中止者・未購入者の声を聴く

マーケティング戦略・施策見直しへ

> CHAPTER 3　リサーチを始める前に

No. 07　［リサーチの体制を考える］
自社で調べるか？ 他社に委託するか？

● 自社でリサーチする利点と欠点

　リサーチやデータ分析を社内で行うか社外に委託するか、悩むこともあるだろう。必要な情報が社内に揃っており、分析できる人材や仕組みが整っていれば、自社でリサーチすることも可能だ。専門の部門を設置している企業や、グループ会社にシンクタンク機能を持たせている企業もある。同じ企業の社員なので自社が抱える課題についての理解が早く、リサーチで得た知見を適切にフィードバックできる。反面、内製の維持コストが固定費としてかかり続けることや、社外から新しい知見を得られないことなど、デメリットもある。

● 委託のメリットと注意点

　内製か委託かを決める前に、課題を解決するためにはどのような情報が必要で、社内にどのような情報があるのかリストアップしてみることをおすすめする。足りないノウハウや情報は委託先の力を借りて、二人三脚で課題を解決する。

　委託によるメリットは、専門的なノウハウや求めている情報を必要な時に使えることだ。社内に自社の情報はあっても競合の情報は少ないだろう。同様に、既存顧客の情報はあるが、まだ買っていない生活者の情報は持ち合わせていないことが多い。

　「リサーチの中でどの部分をどのくらい委託するのか」 については冷静に見極めなければならない。自社でできると思ったら予想以上に時間と費用がかかってマーケティングどころではない、というケースを

耳にすることもある。逆に、委託先に丸投げしていた結果、データを読める人材が社内にいなくなったという声も聞く。短期と中長期の両視点で、体制を考えることが重要だ。

図8　内製と委託のメリット・デメリット

■ 自社で内製する

メリット
- 背景や課題の理解が早い
- 責任感や達成意識が社外の人より強い
- スピードや柔軟性を持った動き方ができる
- 知見を社内に蓄積することができる
- 中長期的な人材育成につながる

デメリット
- 組織運営や人員に固定的な費用がかかり続ける
- 退職や異動で知見が引き継がれないリスクがある
- 戦略や戦術に使える情報やデータが限定的である
- 客観的に自社を捉えられなくなるリスクがある
- 新しい発想が出てこない

■ 社外に委託する

メリット
- 自社で本来やるべきことに時間を集中できる
- 必要な時に必要な部分にのみ費用を捻出すればよい
- 多様な情報やデータを活用できる
- 社内に足りないスキルやノウハウを利用できる
- 他社や異業種の成功／失敗事例を参考にできる

デメリット
- 背景や課題を説明する時間を要する
- 品質やパフォーマンスをチェックする手間を要する
- 一つひとつの業務の細かい部分まで知ることはできない
- 場合によっては内製の運営コストを上回る
- 委託先の倒産や事業撤退リスクがある

No.08 ［リサーチの体制を考える］

知っておきたい「委託先の選び方」

　リサーチ会社を始め、シンクタンクや広告会社など、リサーチや分析のサービスを提供している企業は多い。数ある委託先候補の中から絞り込むのは難しいだろう。委託前にわかることと、実際に委託してみないとわからないことがあるが、各社のWebサイトに掲載されているサービスや強みは委託先を検討する際の一助となる。**過去1～2年分のニュースリリースを見ると**M&A・協業や新サービスなど、対応範囲の拡張スピードがわかる。委託先候補の担当者と直接話せるなら、課題解決のプロセスや事例、強みの源泉などを尋ねてみてもよいだろう。

　委託先の担当者が持っている力も判断材料になる。課題の理解力、解決策の提案力、データの分析力、アクションの提言力など、システムで一定の自動化が進んだとしても人間の思考力は重要だ。**保有しているデータやプラットフォーム、提供しているサービスを確認することで、その企業のケイパビリティを推察できる。**

● 一番大切な「データの信頼性」

　何より重要な視点は**「データの信頼性」**である。IT分野で「Garbage in, Garbage out」という有名な言葉がある。ゴミを入れてもゴミが出てくるだけ、つまりリサーチやデータに偏りや誤りがあると、その後どれだけ精緻に分析しても意味がない。安いから、早いから、と短絡的に考えた結果、偏りや誤りがあるデータに気づかず戦略を立ててしまうと、誤った経営やマーケティングを実行するリスクがある。意思決定の根幹となるリサーチをどこに委託するか、選定眼が求められる（表2）。

表2 リサーチの委託先を選ぶ視点

1	生活者・市場の理解	・生活者について幅広く深い知見があるか ・生活者を捉える情報やノウハウを持っているか ・市場動向やトレンドを適切に把握しているか
2	業界・企業課題の理解	・業界の動向や競争環境を認識しているか ・顧客企業の課題や戦略についての理解が早いか ・同じ業界における課題解決の実績が豊富にあるか
3	提供サービス（量・質）	・マーケティングのあらゆる課題に対応できるか ・幅広いサービスをワンストップで提供できるか ・個々のサービスの品質は他社に比べて高い水準か
4	保有データ（量・質）	・事業やマーケティングに役立つデータを保有しているか ・データに偏りがなく、市場代表性や安定性があるか ・豊富な情報（属性や特性）がデータに付与されているか
5	データ活用の提案	・顧客企業の保有するデータ価値を高める提案があるか ・課題や状況に合ったデータ活用の提案があるか ・提案の内容は具体的なアクションに結びつくものか
6	データ分析の水準	・リサーチや分析のアウトプットは課題解決に役立つものか ・分析モデルや解析手法、分析基盤を豊富に持っているか ・統計やデータサイエンスに強い社員がいるか
7	戦略・戦術の提言	・戦略や戦術に関するヒアリングがリサーチ前に十分あるか ・顧客企業の戦略や戦術に対するコミットメントは高いか ・データやリサーチ結果にもとづく提言は有意義か
8	対応の正確性＋α	・オペレーションは常に正確で良質か ・顧客企業のマーケティングPDCAをリードできるか ・顧客企業にとって望ましくない結果も真摯に伝えられるか
9	対応の柔軟性＋α	・オペレーションは常に柔軟でスピーディーか ・トラブルやイレギュラー発生時の対応は迅速かつ適切か ・未知の領域でも情報を集めながら前進させるチカラがあるか
10	コストパフォーマンス	・総合的に満足できる水準か ・コストパフォーマンスは高いと感じられるか ・高いコストパフォーマンスを維持できる競争優位性があるか
11	R&D（研究開発）	・R&Dの組織を設置し、積極的に再投資をしているか ・提供サービスや保有データの進化に継続して努めているか ・提供価値の拡張や新サービスの提供につながっているか
12	中立性	・第三者的立場で生活者の声を伝える役割を果たしているか ・どの企業とも公平に取引し、中立的な立場を守っているか ・データやリサーチ結果が幅広い業界で利活用されているか

No. 09 [リサーチの体制を考える]

品質とコストの
バランスを意識する

本章の07節と08節で委託のメリット・デメリットや、委託先の選び方について述べた。ここでは、委託を検討する際の最も基本的なチェックポイントについて補足しておく。

● リサーチのQCD

製造業の生産管理に「QCD」という言葉がある。Quality（品質）、Cost（費用）、Delivery（納期）の頭文字を取ったものだ。製造業以外にもあてはまる考え方として、様々な場面で広く使われている。

リサーチを社外に委託する際にも、この3つのバランスを意識することが必要だ。品質が高くても納期が遅いと、意思決定が遅れてしまう。短時間・低価格でリサーチできるとしても、品質が悪ければ使える情報にはならない。

● QCDは定期的にチェックする

リサーチ結果やデータはその後の意思決定のベースとなるので、3つの中で**品質が最も重要**なのは言うまでもない。その上で、費用や納期が納得できる水準か、定期的にチェックする必要がある（図9）。

加えて、QCDを持続的によくしていこうとする具体的な取り組みや提案があるか、という点も重要だ。長年、同じ企業に委託していると、阿吽の呼吸でコミュニケーションがスムーズに進められる反面、緊張感が薄れ、積極的な提案や改善が減ってしまうこともある。自社にとって本当に適切なパートナーかどうか、委託先や委託内容についてもPDCAを回していくことが大切だ。

図9 委託先のQCDチェックポイント

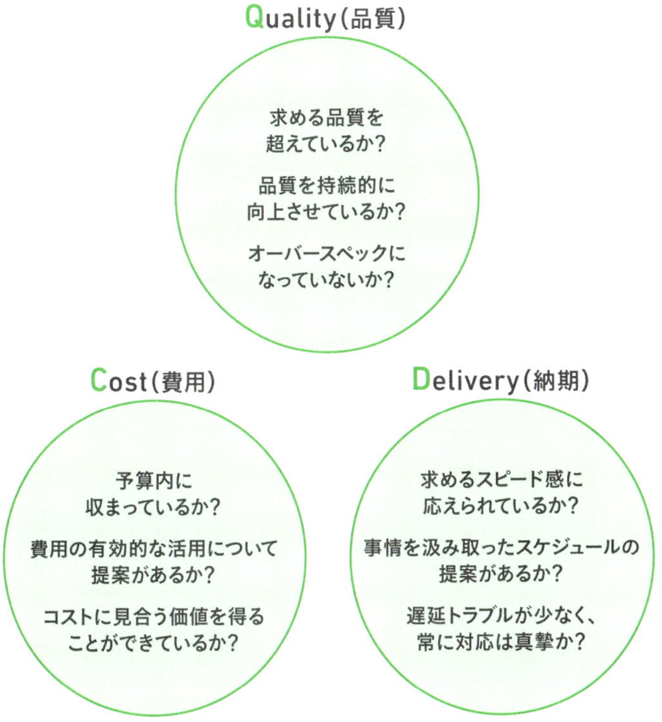

Quality(品質)

求める品質を
超えているか?

品質を持続的に
向上させているか?

オーバースペックに
なっていないか?

Cost(費用)

予算内に
収まっているか?

費用の有効的な活用について
提案があるか?

コストに見合う価値を得る
ことができているか?

Delivery(納期)

求めるスピード感に
応えられているか?

事情を汲み取ったスケジュールの
提案があるか?

遅延トラブルが少なく、
常に対応は真摯か?

COLUMN 思考の枠を広げる

　アウトプットはインプットの量と質に依存する。「インプットしたもの」または「インプットしたものの組み合わせ」を超える仮説や解決策はなかなか出てこない。日頃からたくさんの情報に触れておくことで、思考の枠を広げることができる。

　マスメディアやWebメディアでは、毎日様々なニュースやコンテンツが発信されている。書店に行けば最新テーマから古典まで、幅広いジャンルの本が陳列されている。すべての情報を網羅的に知ることは不可能だが、自分の興味や関心に近い言葉にアンテナを立てておくと、そのような情報が入ってくるようになる。

　これまでの自分の考えと真逆の主張を見聞きしたり、たまにはまったく関心のない領域の情報に触れたりすることも有意義だ。自分自身で体験することもよいインプットになる。訪れたことがない場所に行ってみる、人気の店に並んでみる、話題になっている商品を買ってみるなど、実際に自分で体感することによって得られるインプットは、五感が強く刺激される。

　社内の人と話すこともよい刺激になる。経営層から若手まで、立場が違う人の話を聞くことで、ものの見方が広がる。異なる部門の人と話すことで、一つの課題に対して多面的な視野を養うこともできる。

　社外の懇親会や近隣住民との交流、地域のボランティアなど、普段仕事で関わらないような人々との交流も大切だ。最も身近な家族や友人との何気ないコミュニケーションにも、思考の枠を広げるチャンスが隠れている。

CHAPTER

4

リサーチの方法あれこれ

01 パネルとアドホック／定量と定性
02 サンプリングデータとビッグデータ
03 購買データから買い物の実態を知るには
04 誰がどこにいるのか知るには ―位置情報の活用―
05 生活者の意識や価値観を明らかにするには
06 広告接触と商品購入の因果関係を調べるには
07 メディアを行き来する生活者行動を把握するには
08 カスタマージャーニーマップを描く
09 生活者との共創に取り組む
10 行動観察から潜在ニーズを捉えるには
11 顧客の表情や視線から深層心理を読み解くには

No. 01 ［リサーチ・データの種類］

パネルとアドホック／定量と定性

● 継続的か？ 1回限りか？

同じ内容について継続的に同じ人や店舗にリサーチする方法を**パネル調査**という。これにより、消費動向や販売推移、生活者のメディア接触変化など、**時系列で状況を把握することができる**。方法としては、機械的にデータを収集する方法と、アンケートなどで定期的に回答を得る方法がある。パネル調査の運用には大きな投資と工数がかかるため、リサーチ会社や、データを持つプラットフォーマーのシンジケートデータサービスを活用する企業が多い。

一方、特定の目的に応じて1回限りのリサーチをする方法を**アドホック調査**という。リサーチ内容や対象が固定されているパネル調査に比べ、アドホック調査では**聴取する内容や対象を自由に決めることができる**（表1）。

● 数値か？ 言葉か？

定量調査と**定性調査**という区分もできる（表2）。定量調査とは、回答結果を「数値」で表すことができる調査手法である。「①好き ②どちらともいえない ③嫌い」から選択するようなアンケートをイメージするとわかりやすいだろう。全対象者の回答を集計することで、「70％が好きと回答している」というような結果を導き出すことができる。**仮説検証や効果測定に適している**リサーチ手法だ。

定性調査では思わぬ発見を期待できる。生活者にインタビューをすることで「言葉」を引き出すのも一つの方法だ。注意点として、「発

言そのものが信頼できるものなのか」、言葉を発する時の強弱や表情、仕草に注目する必要がある。

　定量調査と定性調査の特徴を生かしながら、課題や場面に応じて使い分けたり組み合わせたりすることが大切である。

表1 パネル調査とアドホック調査

	パネル調査	アドホック調査
内容	同じ内容を同じ対象に一定期間継続的にリサーチする方法	特定の課題のためにその都度リサーチする方法
特徴	時系列で推移や変化を把握できる	目的に合わせて自由に設計できる
活用場面	・ある商品カテゴリの直近5年間の市場推移と各社のシェアを調べたい ・生活者がどのようなメディアやサイトに接触しているのか変化を追いたい ・自社商品の購入者が過去に何を買っていたか、次に何を買いそうか知りたい	・開発中の商品について、生活者の声を聞いてブラッシュアップしたい ・自社のサービスレベルと顧客の満足度を客観的に評価したい ・生活者の不満を見つけ出し、サービスを改善したい

表2 定量調査と定性調査

	定量調査	定性調査
内容	「数値」で結果を表す	「言葉」や「ビジュアル」で結果を表す
特徴	仮説を検証できる	発見を期待できる
活用場面	・事前に立てた仮説を検証したい ・実施した施策の効果を測定したい ・数値を使ってPDCAを回したい	・仮説を立てるための材料が欲しい ・生活者起点で新たな発見を得たい ・とにかく顧客の生の声を聴きたい

No. 02 ［リサーチ・データの種類］
サンプリングデータとビッグデータ

　データの種類を、場所（社内・社外）や量・質によって分類したものを表3に示した。社内データは、自社でいつでも自由自在に分析、活用できるメリットがある反面、情報が限定的である。顧客ではない生活者の情報や競合の動向など、自社で保有していないデータは社外に求める必要がある。

● 社外データの種類と特徴

　社外には、**サンプリングデータ**と**ビッグデータ**がある。サンプリングデータは「集めるデータ」ともいわれる。全員に聞くことはできないので、統計のノウハウを活用して全体を表せるように一部の人を抽出（サンプリング）する。データ量は少ないが、きちんと設計されていれば全体の縮図として活用できる。

　対して、ビッグデータは「集まるデータ」といわれる。多様かつ膨大なデータが、驚異的な頻度で発生している。リアルタイムなデータ収集や分析につながる反面、そもそもマーケティングでの活用を目的として集まったデータではないため、データの構造がバラバラだったり、データ量は膨大であるものの必ずしも全体を表していなかったり、現実的な利活用に向けて課題も多い。

　多くの企業ではこれらのデータを掛け合わせることで、課題解決やマーケティングアクションに結びつけている。例えば、サンプリングで収集した生活者の意識や価値観のデータを、自社が保有している顧客データに付加することで、より精緻なターゲティングやレコメンデーションを実行することができる。

マーケティングの高度化に向けて、サンプリングデータを活用してビッグデータ自体の価値を高める取り組み（**データアクティベーション**）も各業界で進んでいる。それぞれのデータ特性を生かしながら、時には補完し、時には掛け合わせることで、データの価値を高めマーケティングアクションにつなげていくという取り組みだ。

表3 社内外に存在するデータの例

		定量	定性
社内データ		自社顧客の購入履歴 財務データ（PL、BS、CFS） 商品別やエリア別の販売データ 出荷情報、在庫情報、コスト 自社サイトやSNSのアクセスログ	自社顧客の登録情報 顧客からの要望や苦情 取引先の要求、営業担当者の声 自社の経営戦略、事業の進捗状況 マーケティング施策情報
社外データ	サンプリングデータ	パネル調査（SCI、SRI、i-SSPなど） インターネット調査 HUT（ホームユーステスト） CLT（会場調査） 来場者調査、訪問調査 電話調査、郵送調査	グループインタビュー デプスインタビュー 行動観察調査 ミステリーショッピング 有識者インタビュー デスクリサーチ
	ビッグデータ	POSデータ、ID-POSデータ 位置情報、交通機関の乗車履歴 センサーデータ、気象データ オーディエンスデータ IoT機器から得られるデータ	SNSやBlogの書き込み ニュース記事、コメント ネットで公開されている画像 SNSに投稿された動画、映像 音声検索で得られる発話情報

※上表では便宜的に社内データと社外データを区分している。ビッグデータを保有するプラットフォーマー自身が、自社の事業にそのデータを活用する場合は「社内データ」と認識される場合もある。

> CHAPTER 4　リサーチの方法あれこれ

No. 03　［生活者の行動や意識を知る］

購買データから買い物の実態を知るには

　日本では2014年4月、消費税率が5%から8%に上がった。この時、生活者の買い物行動にはどのような変化があっただろうか。日用消費財の購買データを使って、前年比の推移を集計したものが図1である。2月から消費税増税前の駆け込み需要が発生している様子がわかる。

　このように購買データを分析することによって実態を把握できれば、需要予測や在庫調整にも役立てられる。自社商品と競合商品の売上推移を比較することで、競争状況を逐一知ることもできる。自社商品の売行を性年代別やエリア別に分析すれば、強化すべきターゲットが見えてくる。

● 消費動向を適切に把握するには

　新商品の発売に伴い、多くの企業が**初回購入（トライアル）**と**再購入（リピート）**の分析をしている（図2）。売上の拡大を目指すには、初回購入者を増やし、再購入率を高めることが理想的だ。売上全体の数値を把握していても、「トライアル率が低く、リピート率が高い状態」と「トライアル率が高く、リピート率が低い状態」では消費の実態はまったく異なる。自社が意図している状態なのかを継続的にチェックし、マーケティングを適切に機能させなければならない。

　小売業では、以前より**ABC分析**（図3）などを活用して商品の入れ替えや店内レイアウトの最適化を図っている。加えて、ポイントカードに登録された会員属性情報と**ID-POS**データを活用する企業も増えている。顧客1人ひとりの購買履歴を分析し、"個客"に合ったクーポンの発行やレコメンドが実行されている。

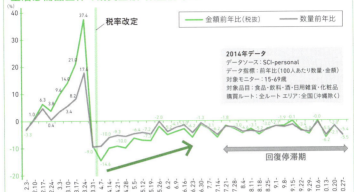

図1 消費税増税前後の消費動向

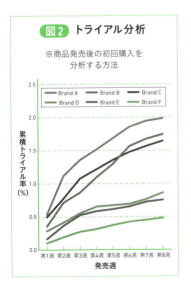

図2 トライアル分析

※商品発売後の初回購入を分析する方法

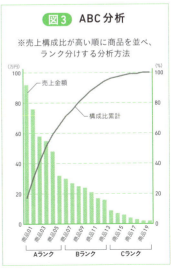

図3 ABC分析

※売上構成比が高い順に商品を並べ、ランク分けする分析方法

No. 04 ［生活者の行動や意識を知る］
誰がどこにいるのか知るには
―位置情報の活用―

　観光地やショッピングモール、イベント開催場所など、生活者の**位置情報**は**集客促進**や**消費活性化**の策を考える有意義なデータである。海外から日本に訪れる訪日外国人は年間2000万人を突破。インバウンド消費は2020年に8兆円、2030年に15兆円という目標値が政府から発表され、市場の拡大が期待されている。訪日外国人に限らず、人が集まる場所を知ることで出店戦略や集客の計画に反映することができるだろう。

● 位置情報の活用でエリアマーケティングが進化

　モバイル端末の普及に伴い、「**基地局情報**（キャリア各社の基地局が持つ位置情報）」や「**端末現在地情報**（個別端末から発信される位置情報。GPSデータ）」を活用したリサーチが進んでいる。NTTドコモとインテージの合弁会社ドコモ・インサイトマーケティングでは、幅広い業界で位置情報に対するニーズが高まっているのを受け、NTTドコモの基地局情報を活用した「モバイル空間統計®」を提供している（図4）。「いつの時間帯に」「どの場所に」「どのくらいの人数が」いたのかを知ることで、商圏の実態把握や効果測定に役立てられている。

　事前に許諾を得たスマートフォンユーザーの基地局情報をもとに、アンケートを依頼する取り組みも進んでいる。その場所にいた人に対して、訪れた理由や買ったもの、今後の利用意向などを聞くことができる。ある場所の近くに来ると、近隣店舗の案内やクーポンをスマートフォンに配信する手法も活況だ。デジタル時代の恩恵ともいえる位置情報を活用することで、エリアマーケティングが大きく進化する。

図4 位置情報データで明らかになる生活者行動
～2016年お正月の混雑状況を分析した事例～

■「明治神宮」「浅草寺」エリア、時系列の人出チャート（両エリアの合計データ）

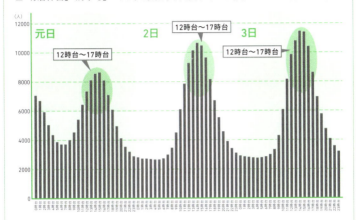

■年代構成比帯グラフ「明治神宮」「浅草寺」比較チャート
（来訪者数のピークとなっていた1月3日の14時～17時台平均での比較）

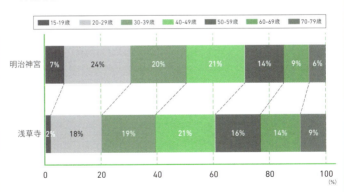

出典：「位置情報ビッグデータで初詣の混雑状況を分析」（株式会社インテージ）
https://www.intage.co.jp/library/20161227/

> CHAPTER 4　リサーチの方法あれこれ

No. 05　［生活者の行動や意識を知る］
生活者の意識や価値観を明らかにするには

　購買データや位置情報など、実際のログデータは正確に状況を把握できるが、「なぜ買ったのか？」「どうしてそのような行動をとったのか？」など、生活者の思いや考えを知るデータは含まれていない。そこで、従来のリサーチ方法を活用することで、**生活者の意識や価値観**を知ることができる。

● 従来リサーチの活用場面と進化

　現在最も一般的に利用されているのはインターネット調査だ。**リーズナブルな価格**と**短い期間**で情報を集めることができる。インターネット調査が登場した2000年前後には、調査モニターの偏りや信頼性の面で懐疑的な声も多かったが、今では定量調査の主流となっている。

　自宅で一定期間使ってもらって評価を聞きたい場合は**HUT**が向いている。**CLT**は未公開の商品や広告の評価を得るのに適している。訪問調査や電話調査、郵送調査は、普段インターネットを利用しない高齢者の声を聞く時にも活用されている。

　グループインタビューでは、1人の参加者の発言によって、他者の発言に広がりが出てくる。生活者の声を生で聞きたい企業が頻繁に活用している。生活者の行動やその裏にある心理に深く迫りたい時は、**デプスインタビュー**が用いられる。

　表4に掲載したリサーチ方法はデジタルによって進化し続けている。来場者調査では、前節で述べたように位置情報データが取り入れられている。インタビューではスマートフォンのカメラを利用することで、

地方や海外に住む生活者に容易にアプローチできるようになった。また、インターネット上にMROC（Market Research Online Community）を構築し、その中でアンケートやインタビュー、参加者同士の会話を観察する方法もある。伝統的なリサーチ方法と最新のデジタルを組み合わせて新たな知見を得る取り組みが盛り上がりを見せている。

表4　従来のリサーチ方法

		内容	費用	スピード
定量	インターネット調査	・低コスト・短期間で情報を収集できる ・矛盾回答や抜け漏れを防止できる ・出現率が低い条件の調査も実施可能	安	速
定量	HUT（ホームユーステスト）	・自宅で試用、試飲、試食、試視聴してもらう ・実生活に近い状況で感想を聞ける ・一定期間を要するテストに向いている	中	中
定量	CLT（会場調査）	・会場で試用、試飲、試食、試視聴してもらう ・インタビューを組み合わせることも可能 ・公開前の商品や広告の情報流出を防げる	中	中
定量	来場者調査	・施設やイベントの来場者に調査できる ・記憶が新しいうちに尋ねることが可能 ・調査モニターでない生活者にも聞ける	中	中
定量	訪問調査	・調査員が対象者宅を訪ねて調査を依頼 ・質問ボリュームの多い調査が実施できる ・統計的な代表性を保つことが可能	高	遅
定量	電話調査	・世論調査や選挙時に活用されている ・調査の準備や実施にかかる手間が少ない ・全国的な調査もリーズナブルに実施できる	安	速
定量	郵送調査	・質問用紙を郵送し回答を返送してもらう ・商品サンプルを送ることもできる ・1カ月の日記調査などにも対応できる	中	中
定性	グループインタビュー	・座談会形式でインタビューする ・生の声や表情や仕草を確認できる ・参加者同士の発言が互いの刺激になる	中	中
定性	デプスインタビュー	・1対1でインタビューする ・深く聞き出すことで本音に迫る ・デリケートな調査テーマにも適している	中	中
定性	ミステリーショッピング	・覆面調査員がお店やサービスを利用して評価する ・日常的な顧客経験を客観的に評価できる ・現場で起きていることを明らかにできる	中	遅

※費用・スピードは目安。サンプル数や調査ボリューム、委託先によって変わる

No.06 [点ではなく線で捉える]
広告接触と商品購入の因果関係を調べるには

　国内の広告市場は年間6兆円に達する。テレビ・ラジオ・新聞・雑誌のマス広告に加え、インターネット広告が大きく伸びている。広告は、商品やサービスを知ってもらうことや購入を促すことが主な役割である。広告を見た人のうち、どのくらいの人が商品を購入したのか、効果を測りたい企業は多い。

　かつては、広告視聴と商品購入について、アンケートで生活者に尋ねることが主流だった。しかし、どの広告をいつ見たのか、この商品を本当に買ったのか、その記憶はあいまいであることが多く、正確な情報を取得できないという課題があった。

● 一連の行動や意識をつなぐシングルソースデータ

　デジタル時代に入り、これらの情報を実際のログデータとして取得できるようになった。「この広告に接触した」というデータと「この商品を購入した」というデータを同一人物から収集することで得られる**シングルソースデータ**の活用が進んでいる。広告接触の違いによる商品購入の差がわかれば、広告の効果を測定できるとともに、本当に必要な広告を考え直すきっかけにもなる（図5）。

　テレビCMやWeb広告など複数の媒体に出稿している場合、それぞれの媒体に接触した人の商品購入率を調べることで、今後の広告展開を練ることもできる。媒体の出稿配分を最適化したい場合には、図6のように、それぞれの出稿量に応じたリーチ率や認知率を調べることで、最適な配分を考えることも可能だ。広告投資の成果を測るため、**ROAS**（Return on Advertising Spend）という指標も利用されている。

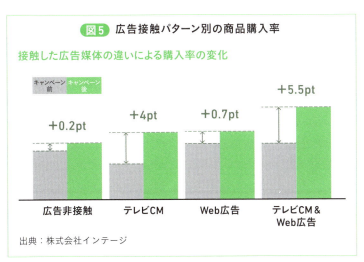

図5 広告接触パターン別の商品購入率

接触した広告媒体の違いによる購入率の変化

出典:株式会社インテージ

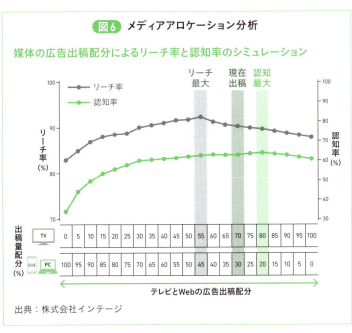

図6 メディアアロケーション分析

媒体の広告出稿配分によるリーチ率と認知率のシミュレーション

出典:株式会社インテージ

No. 07 [点ではなく線で捉える] メディアを行き来する生活者行動を把握するには

　モバイル端末の普及により、いつでもどこでもコンテンツを楽しめるようになった。若者がテレビを見なくなっている、といわれることもあるが、時間帯やメディアを変えながらコンテンツを求める生活者は多い。生活者のメディア接触の変化に合わせ、テレビ各局もインターネットでの番組配信を始めている。定額制の動画配信サービスも活況だ。従来の**リアルタイム視聴だけでは生活者の情報接触を捉えられない**時代である。

●『逃げるは恥だが役に立つ』の視聴者ジャーニー

　図7は、TBSのテレビドラマ『逃げるは恥だが役に立つ』の第1話から最終話における視聴状況の推移である。第6話まではリアルタイムと同じくらい録画で番組を見る視聴者がいたが、最終話に向けてリアルタイム視聴の比率が伸びていることがわかる。各放送回でWeb動画の視聴者もそれなりにいる。

　テレビドラマが放送される3カ月の間、視聴者はどのようにメディアを行き来したのだろうか。ある50代の女性が『逃げるは恥だが役に立つ』をどのように見たのか、図8にその流れを掲載した。この女性の場合、第5話までまったくドラマに接していないことがわかる。Yahoo!ニュースの記事で興味を持ち、動画まとめサイトで第1～6話を見ている。その後、関連するコンテンツや恋ダンスの動画をネットで検索しながら、楽しんでいる様子がうかがえる。どのような属性の生活者が、いつ、どのメディアで、どのようなコンテンツを見ているのか、**情報接触の動線**を調べることで、生活者の行動や意識が垣間見える。

図7 『逃げるは恥だが役に立つ』各放送回の視聴推移

出典：株式会社インテージ

図8 『逃げるは恥だが役に立つ』の視聴者ジャーニー

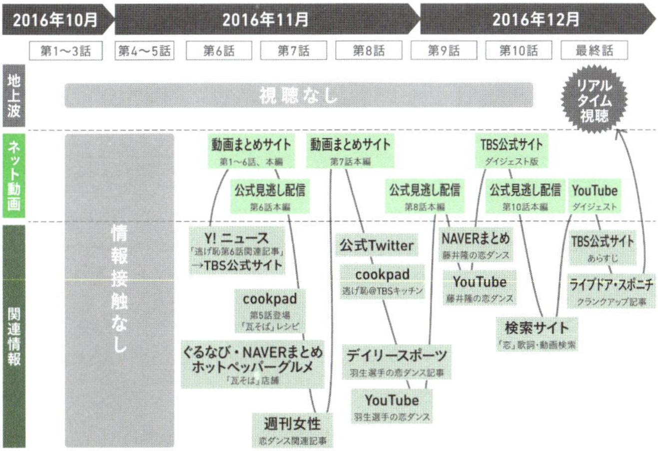

出典：「テレビ視聴実態のいま〜視聴ログに見る「テレビ離れ」と逃げ恥の視聴者ジャーニー」（株式会社インテージ）
https://www.intage.co.jp/gallery/tv2016/

※他者の著作物をインターネット上に無断で公開（アップロード）する行為は著作権の侵害であり、民事責任や刑事責任を問われる対象となります。

> CHAPTER 4　リサーチの方法あれこれ

No.
08　［点ではなく線で捉える］
カスタマージャーニーマップを描く

● カスタマージャーニーマップとは

　顧客はどのように商品を知り、何が心に留まり、どのような視点で競合商品と比較して、いつどこで購入したのか。ビジネスパーソンの多くが知りたい情報だろう。自社との出会いから購入までの一連の行動を旅に喩えたものを**カスタマージャーニー**といい、図9のようにマップで表すことが多い。

　デジタルの進化により、生活者のメディア接触は多様化が進んでいる。いくつものデバイスをうまく使い分けながら、オンラインとオフラインを頻繁に行き来しているのだ。そのような生活者の行動や情報接触、そのプロセスにおける意識や感情を的確に捉えることで、有効なチャネル戦略や広告戦略を立てることができる。

● 想像ではなくファクトをもとに描こう

　カスタマージャーニーマップは、想像で描くのではなく、**データやリサーチ結果にもとづくファクトで描く**ことによって価値が出てくる。ターゲット顧客の実際の購買データや情報接触データ、位置情報や意識、価値観など、ファクトをマップに反映することで、顧客の動線を明らかにすることができる。

　実店舗を持つ小売企業は、店内での購買行動は理解しているが、店に来る前の行動や情報接触は知らない。ECサイトを持つ小売企業はサイト内の動線をログデータで解析できるが、サイトを離脱した後の行動はわからない。このような背景から、実店舗とECサイトの両方

で商品を販売している企業や、これからEC販売を始めようとしている企業で、チャネルやメディアを縦横無尽に往来する生活者の行動や意識を捉えたいというニーズが増えている。

● カスタマージャーニーマップとカスタマーエクスペリエンス

商品があふれている現代では、商品そのものの機能的な価値による差別化が難しい事実がある。商品との出会いから購入の後に至るまで、顧客にとって価値がある経験を提供しようと、**カスタマーエクスペリエンス（顧客経験）**を重視する企業が増えている。商品の認知から購入に至るまでの期間は商材によってまちまちだが、生活者視点で顧客経験を設計する動きは幅広い業界で注目されている。

デジタル行動をもとにカスタマージャーニーマップを描き、オムニチャネルの設計やWebサイト・アプリの改善を行い、顧客経験価値の向上に役立てている企業も多い。どのタイミングでどのような経験を顧客に提供するか、それぞれの顧客接点をつないで線にすることが重要だ。**顧客視点のストーリーをデザイン**することが求められる時代である。

> CHAPTER 4　リサーチの方法あれこれ

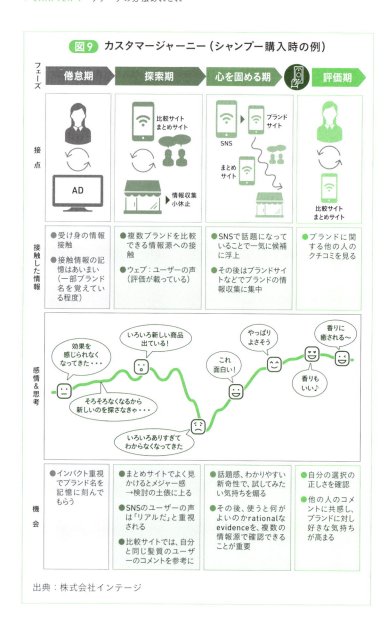

出典：株式会社インテージ

> **COLUMN** デジタル時代、多様なシニア世代にどうアプローチするか？

　日銀の資産循環統計によると、日本の個人金融資産は約1,800兆円（2016年末時点）に達している。様々な統計資料を見ると、60歳以上の貯蓄額が多いことがわかる。シニア世代にお金を使ってもらうことが日本国内の消費を活性化させる大きな起爆剤となることは、説明の必要もないだろう。

　ここ数年、「アクティブシニア」という言葉も登場し、シニア世代に対する企業の視線が熱くなってきている。スマートフォンやモバイル端末を持つ高年齢者も増えてきた。筆者の両親もまもなく70歳を迎えるが、つい先日スマートフォンを買ったと思ったら、早速LINEを使いこなし有料スタンプを購入していた。スマートフォンで撮影した写真や動画の送受信、ネットでの情報収集など、新しく手に入れたモバイル端末に早くも慣れ親しんでいる。

　一方、携帯電話を持っていないシニアもまだ多い。彼らの主なコミュニケーションツールは電話や書面、市区町村内の対面の場だ。ある地方の町興しをしたいと思った時に、その町に住んでいる人をインターネット調査で対象者として絞り込み、ネット上で町民に意見を聞く、というのは現実的ではない。それよりも実際にその町に行って、集会場で直接会って話を聞くほうが有効だろう。従来のフィールド調査が生きる場面だ。デジタルでリーチできない生活者の声をどう拾い、どうアプローチしていくか、という視点もデジタル時代には必要である。

> CHAPTER 4　リサーチの方法あれこれ

No. 09　［開発や改善のヒントを得る］

生活者との共創に取り組む

　生活者の声をアンケートで収集し、マーケティングに役立てている企業は多いが、生活者と直接対話し、生活者と共にマーケティングを考える企業も増えてきている。**共創**や**コ・クリエーション**（Co-Creation）と呼ばれる取り組みだ。2004年にアメリカの経済学者C・K・プラハラードが著書『The Future of Competition: Co-Creating Unique Value With Customers』で提唱した概念といわれている。

● 生活者と一緒に考えることの利点

　共創を通じて、企業は生活者を深く理解できる。ある企業では自社の事業課題やマーケティング課題をそのまま顧客に打ち明け、顧客視点で助言をもらうという。

　自社のファンコミュニティを構築、運用している企業や、自社の熱心なファンである顧客（**アンバサダー**）と共にマーケティングに取り組む企業も増えてきた。自社や自社商品のことを大好きな顧客は、積極的に改善策を考えてくれたり、企業にとって好ましい情報を周りに広めてくれたりする。彼ら彼女らの声をマーケティング活動に取り入れていくことによって、**顧客満足度を持続的に高めていく**ことが期待できる。ファンやアンバサダーにとっては自分の声が商品やサービスに反映されていることを強く感じられるため、企業と共にブランドを育てていこうという思いがさらに高まり、企業に対する関与度が強くなる（図10）。

　共創は生活者視点のアイデアを導き出す時にも役立つ。「こんなシャンプーがあったら嬉しい」「コンビニにこんなサービスがあれば

利用したい」「今までにないこんなドラマを見てみたい」など、生活者と自社の社員が共にワークショップに参加して一緒に考える方法もある。いくつかのグループを作り、テーマに対するアイデアを出し合い、意見交換を行う。1人のアイデアが他の誰かの気づきにつながり、それがまた新しいアイデアにつながっていく。**コミュニケーションが活性化すると、アイデアの拡散と収束が繰り返される。**そうして出てきたアイデアの中には有益なヒントが潜んでいることも多い。生活者視点に立ったマーケティングを重視するなら、リサーチの段階から生活者に参加してもらうというのも一つの選択肢である。

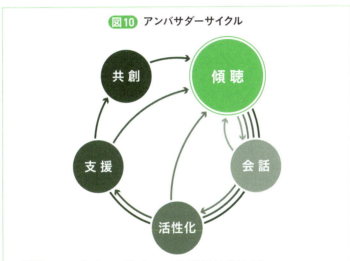

図10 アンバサダーサイクル

1. 「傾聴」のフェーズでは、ユーザーやファンの声を聴くことに集中します。
2. 「会話」のフェーズでは、ユーザーとのコミュニケーションを開始します。
3. 「活性化」のフェーズでは、ユーザーやファン、アンバサダーの可視化や活性化に注力します。
4. 「支援」のフェーズでは、様々なコミュニケーションを通じて、ユーザーやファンを支援します。
5. 「共創」のフェーズでは、ユーザーやファンも企業の活動に参加することを目指します。

出典：アジャイルメディア・ネットワーク株式会社
http://agilemedia.jp/ambassador/about

> CHAPTER 4　リサーチの方法あれこれ

No. 10

［開発や改善のヒントを得る］

行動観察から潜在ニーズを捉えるには

　私たちは日常生活の多くのことをほぼ無意識に処理している。例えば歯磨きの際には、歯ブラシを持つ→歯磨き粉をつける→磨く→口をすすぐ、というプロセスがあるが、一つひとつの行動はほとんど意識していないのではないだろうか。しかし、その行動をつぶさに観察することで、生活者本人も気づいていないような潜在的な欲求や不満を見つけ出すことができる。このようなリサーチの方法を、**行動観察**や**エスノグラフィー**という（図11）。

● ありのままを受け入れる

　行動観察は、仮説を検証するための調査とはアプローチが異なる。「想像もしていなかったような使い方をしている」「店内の通路が狭くて通りにくそう」「Webサイトで欲しい情報を見つけられず苦労している」など、**目の前にいる生活者の姿をありのまま受け入れる**。その場で起きていることをまず認識する、ということが行動観察のスタートになる。調査対象者にカメラやマイクをつけてもらい、離れた場所から観察するというリサーチ手法も各社で活用されている。

　行動観察は業界を問わず幅広く活用されているが、**生活者がアンケートやインタビューに答えることが難しい場合にも有効**な方法といえる。ベビー用品やこども向けの商品を扱う企業では、乳幼児や児童の行動を観察することで商品の開発やサービスの改善に役立てている。また、言語が異なる国で暮らす人々の生活を捉える時にも行動観察は役立つ。あえてアナログ的に生活者の行動を観察することで、デジタルデータからは見えてこないような発見を期待できる。

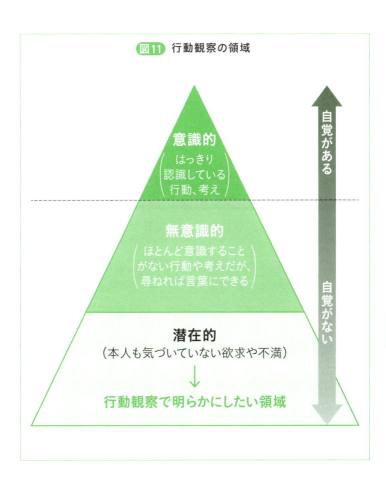

> CHAPTER 4　リサーチの方法あれこれ

No. **11**　［開発や改善のヒントを得る］
顧客の表情や視線から深層心理を読み解くには

　人は自分が考えていることや思っていることを、必ずしもすべて口に出すわけではない。そもそも自分自身が意識していないために言葉に表れないこともある。そこで、**生活者の無意識的な感情や深層心理を、生体反応から読み取ろうとするリサーチ**のアプローチがある。表情の変化や視線の動き、脳波など、わずかな動きをデータ化する。

● 表情分析とアイトラッキング

　表情の細かな動きを測定することで、その人がどのように感じているのかを知ることができる（図12）。例えば、調査対象者にテレビCMを見てもらうことで、注目したシーンや楽しく感じたシーンを秒単位で測ることができる。その後、波形を調査対象者と一緒に見ながらインタビューを行い、それぞれのシーンで感じたことを尋ねる。CM内で具体的に改善すべきシーンがわかるため、表現を改良する助けとなる。

　視線の動きをリサーチすることで生活者の意識や反応を知ることもできる。**アイトラッキング**という方法だ（図13、図14）。日常生活の中で、生活者は意識的にあるいは無意識のうちに視線を動かしている。お店で商品を探している時やWebサイトを見ている時などの視線の動きから、そもそも視界に入っているのか、何秒くらい視線が集中しているのか、広告やPOPは見られたのかなどを把握できる。新商品の開発段階でプロトタイプがあれば、どの部分をどのように見ているのか、視線の軌跡や停留の状況を知り、発売前に改良することもできる。ECサイトやWebページでクリックをするとページ遷移のログデータが残るが、そこにはページ内でどこをどのくらい見たのかという情

報は残らない。アイトラッキングを活用して改善点が明らかになれば、ユーザビリティやレイアウトを更新し、コンバージョンアップにつなげることができる。

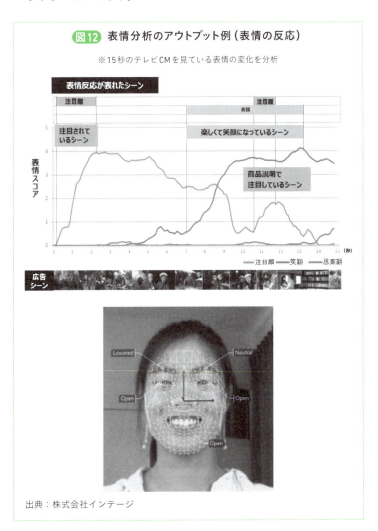

出典：株式会社インテージ

> CHAPTER 4　リサーチの方法あれこれ

図13　アイトラッキングのアウトプット例（視線の軌跡）

※視線が動く順番や長さなど、軌跡が描かれる

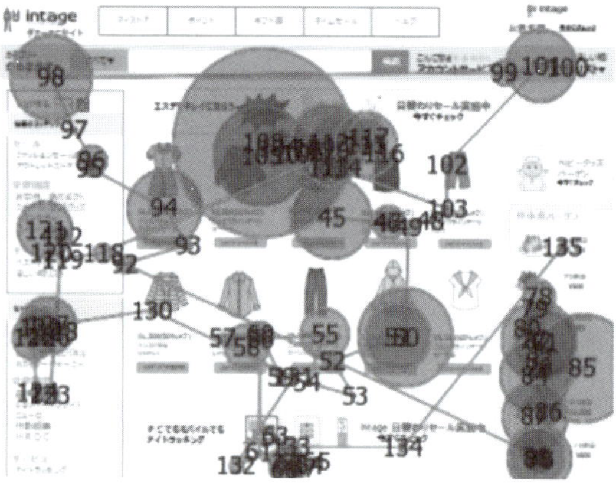

出典：株式会社インテージ

図14　アイトラッキングのアウトプット例（ヒートマップ）

※視線が集まり、長い時間留まっている部分の色が濃く表示される

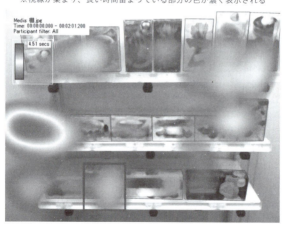

出典：株式会社インテージ

CHAPTER 5

リサーチの企画と実施

- 01 デジタル時代のリサーチ企画とは?
- 02 なぜリサーチに企画が必要なのか?
- 03 リサーチを企画してみよう
- 04 何の数値を上げるためのリサーチ?
- 05 収集すべき情報を徹底的に考える
- 06 バイアスという名の落とし穴
- 07 定量調査の実施プロセス
- 08 定性調査の実施プロセス

> CHAPTER 5　リサーチの企画と実施

No. 01　［リサーチの企画］

デジタル時代の
リサーチ企画とは？

　リサーチは「データを集める」という役割を持つ。課題解決やアクションにつなげるために、どのようなデータを集めて分析すればよいのかを考えるのが従来のリサーチの流れだ。デジタル時代に入り、いくつかの領域で自動的に「データが集まる」ようになってきた（図1）。

　ECサイトやWeb広告の領域では、購買やアクセスの履歴が自動的にデータとして収集される。この場合、「どのような情報を収集するか」ではなく、**「集まっている情報をどう分析するか」**がリサーチ企画の起点になる。

◉「集まるデータ」の特徴

　デジタルでデータが集まり続けている状況なら、定型化されたフォーマットにリアルタイムで分析結果を表示し、瞬く間にパーソナライゼーションやレコメンデーションを最適化することも可能だ。AIを活用した自動化も進んでおり、従来のリサーチとは比較にならないスピードでPDCAが回っている。

　その反面、情報に偏りがあったり、必要な情報が蓄積されていなかったりするなど、集まるデータにも弱点がある。購入理由やECサイト以外の購買状況（顧客内シェア）、あるいはECサイト非利用者の情報などは存在しない。そこでやはり「データを集める」必要が出てくることになり、従来のリサーチが登場する。

　「集めるデータ」と「集まるデータ」、それぞれの特性の違いを理解しながら必要な情報を特定し、アウトプットを意識しながらリサーチの企画を立てることが大切である。

図1 「集めるデータ」と「集まるデータ」のリサーチプロセス

■「集めるデータ」のリサーチプロセス
（情報やデータの収集が必要である場合）

課題設定 → 仮説構築 → リサーチ企画 → リサーチ準備 → リサーチ（情報収集） → データ集計・分析 → 報告書作成 → アクション → 効果測定

⇅ 相互補完

■「集まるデータ」のリサーチプロセス
（情報やデータがすでに収集・蓄積されている場合）

課題設定 → 仮説構築 → リサーチ企画（分析仕様の検討） → データ集計・分析（報告書作成） → アクション → 効果測定

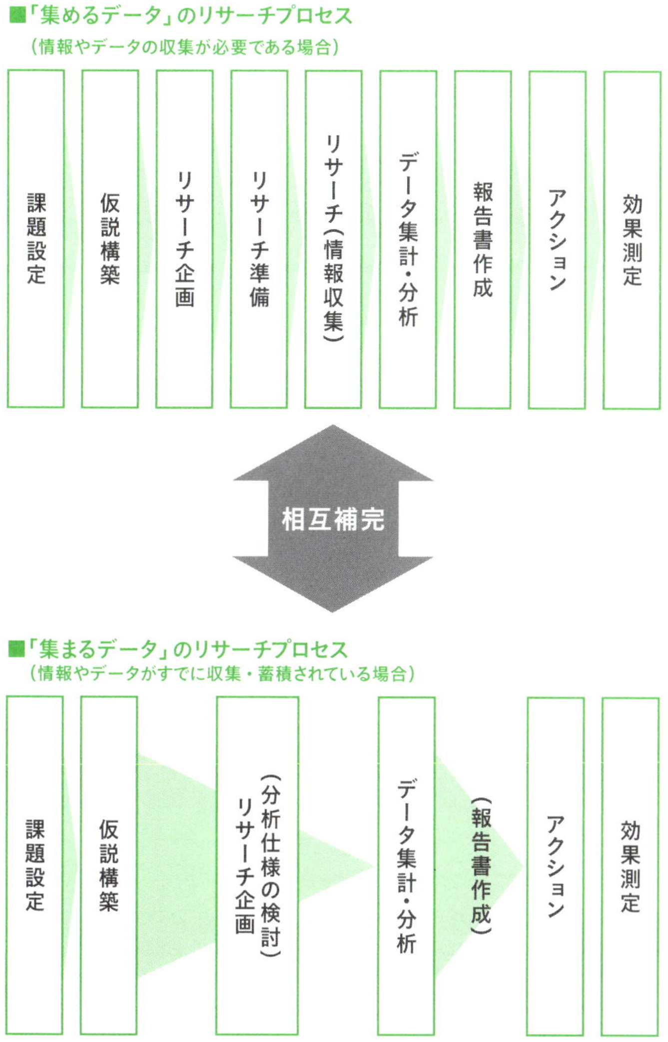

> CHAPTER 5　リサーチの企画と実施

No. 02　［リサーチの企画］

なぜリサーチに企画が必要なのか？

　仮説の検証においても、機会の探索においても、リサーチの前には企画が必要である。**課題設定から調査企画までの過程で、リサーチの価値は大きく左右される**。何を明らかにしようとしているのか、情報がわかったらどのようなアクションをとることができるのか、ゴールから考えて企画する必要がある。

● リサーチを企画する際のポイント

　リサーチを企画する時には、5W3Hで考えることがおすすめだ（表1）。何よりまず、リサーチの**目的（Why）** を明確にすることが大事だ。新規顧客を獲得したいのか、既存顧客のロイヤリティを高めたいのか。課題に適したリサーチの目的を設定する。

　目的が決まったら、**誰（Who）** に**何（What）** をリサーチするかを考える。例えば、「女性に化粧品の使用状況について聞く」では不十分である。何歳から何歳までの女性なのか、居住エリアは問わないのか、個人所得は絞り込まなくてよいのか、なるべく具体化する必要がある。

　リサーチの**時期（When）** が早すぎると商品や広告にまだ接していない可能性があり、時期が遅すぎると実態把握やアクションが遅れるリスクがある。

　街頭インタビューや交通量調査の場合、どのエリアのどの**場所（Where）** でリサーチするのかという視点も重要だ。位置情報を活用したリサーチや、商圏調査・店頭調査を実施する時にも、リサーチ課題に合わせた場所を選定する必要がある。

　リサーチの**方法（How）** は「課題を解決できるか？」「アクション

につながる結果を得られるか？」という視点で選ぶ。実態を把握したければ、商品の購買データやWebサイトのアクセスログなど実態を捉えているデータを活用することが望ましい。新たな発見や仮説構築を目的とするなら、インタビューや行動観察が適している。短期間に多くの声を集めて仮説を検証したい場合には、インターネット調査が役立つ。リサーチの方法を選ぶ時には、第4章で述べたそれぞれのリサーチの特徴や内容を振り返ってみてほしい。

リサーチの方法や**対象数（How many）**によって費用は変わる。課題解決やアクションにつなげるために、必要な**予算（How much）**を事前に見積もっておくことも大切だ。

表1 5W3Hの視点

Why?	リサーチの目的	なぜリサーチするのか？
Who?	リサーチの対象範囲・定義	誰を対象にリサーチするのか？
What?	リサーチの内容	何をリサーチするのか？
When?	リサーチの時期	いつリサーチするのか？
Where?	リサーチの場所	どこでリサーチするのか？
How?	リサーチの方法	どうやってリサーチするのか？
How many?	リサーチの対象数	どのくらいの数にリサーチするのか？
How much?	リサーチ予算	どのくらいの予算をリサーチにかけられるのか？

No. 03 〔リサーチの企画〕 リサーチを企画してみよう

　リサーチの企画時には、ドキュメントを作成しておいたほうがよい。マーケティングは商品部門、宣伝部門、営業部門、開発部門など、複数の異なる部門の関係者と連携が必要であるため、リサーチの目的や内容について共通の認識を持っておくことが必要だ。現状の課題やリサーチのアウトプットについて、経営層や部門長と事前にすり合わせをすることにより、リサーチの位置づけや達成目標を明確にしておく。簡単なドキュメントがあるだけで、委託先とのコミュニケーションもスムーズに進む。

● 企画書の書き方

　企画書には、前述の5W3Hの要素を盛り込む（図2）。リサーチの背景や目的も明記しておくことが望ましい。プロジェクトが進むにつれて、「あれも聞きたい、これも聞きたい」という声が社内の各所から出てきて収拾がつかなくなる場面を目にする。**「今回はこの課題を解決するために、誰に何を聞く」**と絞り込むことによって、リサーチで明らかにすべきポイントや次のアクションがシンプルに整理される。

　企画の段階でリサーチのアウトプットやその活用方法を想定しておくことも望ましい。例えば、「宣伝方法やプロモーションの改善で商品購入のトライアル率を高められる」という仮説があるなら、購買データやWeb上の行動ログを分析して、買ってくれる可能性が高いターゲット層を特定する。似たようなWeb行動をしているオーディエンスに広告を拡張配信することで商品ページに誘導し、魅力的なメッセージでトライアルを喚起することができれば、リサーチの結果が生きたといえる。

図2 グループインタビューの企画

リサーチ背景	3カ月前に、スナック菓子の新商品を発売した。20〜30代の女性を主なターゲットとして企画、開発された商品であり、今後主力商品に育てていきたい。マス・Web広告やキャンペーン、店頭施策など、新商品の認知拡大、購入促進に向けて多面的にマーケティング施策を展開している
リサーチ目的	発売後の売上推移は購買データで把握している。30代女性の売行は好調だが、20代女性の売行が計画を下回っている。初回購入(トライアル)と再購入(リピート)のハードルをターゲット層の言葉で直接聞き、マーケティング施策の修正あるいは追加施策を実行する
リサーチ方法	グループインタビュー(インタビュー内で一部アンケートを実施)
リサーチ対象	東京都居住の20代女性 Group1:継続購入者(発売後2回以上購入。今後の購入意向あり) Group2:購入中止者(発売後1回のみ購入。今後の購入意向なし) Group3:認知非購入者(商品は知っている。今後の購入意向は不問) ※菓子メーカー・リサーチ会社・広告会社の勤務者および家族は対象外 ※18人(6人×3グループ)をリサーチ会社の調査モニターから抽出
リサーチ内容	商品の認知経路、広告の認知・印象、商品を見た時の第一印象、購入のきっかけ、惹かれたポイント、購入場所、購入回数、代替商品、喫食場面(誰と・いつ・何をしながら)、購入中止理由、継続購入理由、普段の買い物行動、日常的に見ているサイト・アプリ、SNSの利用状況など
リサーチ時期	20XX年XX月XX日 実施
リサーチ場所	都内のインタビュー専用会場
リサーチ委託範囲	リサーチ設計、対象者抽出、リサーチ協力依頼、調査物品準備、モデレーター・ライター・会場手配、インタビューフロー作成、インタビュー実施、発言録作成、課題抽出、アクションプラン提言、報告書作成
リサーチ予算	概算XXX万円(税抜)
アウトプット	発言録(Word、3グループ分)、報告書(PPT、20ページ程度)

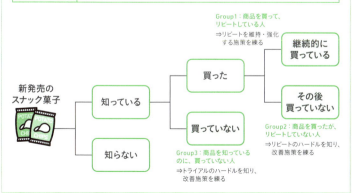

> CHAPTER 5 リサーチの企画と実施

No. 04 ［リサーチの実施に向けて］
何の数値を上げるための リサーチ？

○ 大きなPDCAと小さなPDCA

リサーチの実施にあたっては、上位目標を常に確認することが重要だ。マーケティングを進める中で「PDCA」という言葉を頻繁に耳にするが、PDCAには大きなサイクルと小さなサイクルがある（図3）。「大きなPDCA」とは、戦略レベルのサイクルを指す。会計を学んだ人は、PL（損益計算書）に表れるような数値が想像しやすいだろう。わかりやすい例でいうと、売上や利益目標に対する進捗状況である。多くの企業がマーケティング活動のKGI（Key Goal Indicator：重要目標達成指標）として、売上高や利益額を設定している。

戦略をもとに、個別のマーケティング施策を企画、実行する。「広告で購買を喚起して来店客を増やす」「商品を改良して購入回数を増やす」「新しい販路を開拓して新規顧客を増やす」など、複数の施策の小さなPDCAを回すことで、戦略で描いた計画の達成を目指す。広告の到達率、広告による態度変容率、購入リピート率、購入回数、新規顧客の獲得数などはKPI（Key Performance Indicator：重要業績評価指標）と呼ばれる。

○ 数値のつながりを意識する

大きなPDCA・小さなPDCAの両方にデータやリサーチは活用されている。ある企業では売上計画値を因数分解し、各施策のKPIと連動させている。個々のKPIを達成すれば、KGIの売上を達成できる仕組みだ。各施策の担当者はKPI達成に向けて必要なリサーチを実施する。何の

数値を上げるためにリサーチするのか、その数値が上がったらKGIにどのくらいのインパクトがあるのか、施策担当者になったら意識してほしい。

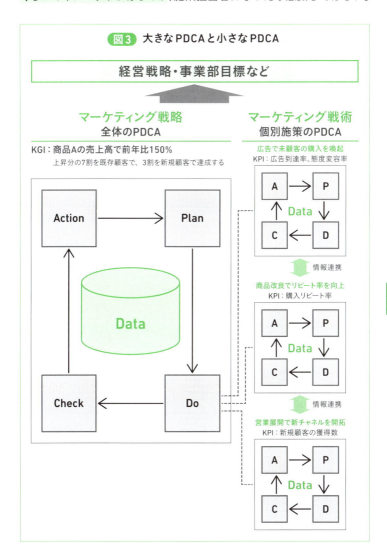

図3 大きなPDCAと小さなPDCA

> CHAPTER 5　リサーチの企画と実施

No.
05
［リサーチの実施に向けて］
収集すべき情報を徹底的に考える

　リサーチは**「何をどのように調べるか」**が肝である。定量調査では、調査票に記載された設問や選択肢に従って、調査対象者に回答してもらうことが多いが、当然ながら調査票の中で聞いていないことはわからない。質問の仕方や選択肢にも注意が必要だ（図4）。1週間のビールの「飲用頻度」を尋ねるだけでは、1週間の「飲用本数」はわからない。飲用場所が自宅なのか、居酒屋なのかも不明だ。リサーチを実施した後に「そういえば、あれも聞いておけばよかった……！」と思ってもやり直しはできない。

　定性調査も同様に、インタビューの流れや観察のポイントを記した資料が肝になる。リサーチで明らかにしたいと思っていた内容が聴取項目から抜け落ちていると、リサーチに費やした予算と時間がムダになってしまう。意味のあるリサーチを実施しようと思ったら、調査票をしっかり組み立てなければならない。リサーチの実施前に社内で**プリテスト**を行い、チェックすることもおすすめだ。

　特に、何年も継続的にデータを収集するパネル調査では、最初の設計や調査票が肝心だ。商品の購買データを集めるデータプラットフォームでは、例えば清涼飲料で350mlと500mlの違いを分類できていないと、後で容量別の分析ができない。**情報の幅をどのくらい広く持たせておくか、どこまで細かな粒度で分析できるようにしておくか**、リサーチ前に徹底的に考え抜くことが重要だ。

● デジタルマーケティングでもやり直しは難しい

　デジタルマーケティングの場面でも「何を聞いておくか」は重要で

ある。顧客と持続的な関係を持つために、顧客データベースを構築し、CRM（Customer Relationship Management）のシステムを用いて顧客分析を行い、マーケティングアクションに結びつけている企業は多い。アプリやポイントカード、Webサイトなどで会員登録を促し顧客情報を得るケースが多いが、登録してもらう情報が少ないと、その後の顧客分析やマーケティングにつなげることは限定的なものになる。

あらゆる情報を最初から集めることは不可能だが、**必要な分析やアクションにつながる情報はなるべく多く取得しておいたほうが望ましい。**

図4　質問文を作成する時の注意点

	× 避けたほうがよい尋ね方		○ 標準的な尋ね方
●業界用語は使わない	認知銘柄を すべてお答えください	⇒	あなたが知っている銘柄を すべてお答えください
●ワンセンテンスは 短めに	○○は、現在希望小売価格 ¥500で売られていますが、 この価格についてあなたは どう思いますか	⇒	○○は、現在希望小売価格 ¥500で売られています。 この価格について、あなたは どう思いますか
●1問に事実と意識を 混在させない	あなたはこの1カ月間に、 デザインのよい○○を 買いましたか	⇒	あなたはこの1カ月間に、 ○○を買いましたか
			その○○デザインはどの程度 よかったですか
●何を聞きたいのか はっきりと	あなたは○○を どの程度好きですか	⇒	総合的に考えて、あなたは○○ をどの程度好きですか
			あなたは○○のパッケージを どの程度好きですか
●いつのことを答える のか明確に	あなたは○○を 使ったことがありますか	⇒	あなたは、これまでに○○を 使ったことがありますか
			あなたは、最近1年間に○○を 使ったことがありますか
●誰のことを答えるのか 明確に	○○をどのくらいの頻度で 買っていますか	⇒	あなたは、○○をどのくらいの 頻度で買っていますか
			お宅では、○○をどのくらいの 頻度で買っていますか
●一つの質問で いくつも聞かない	あなたは○○の味や香りを どの程度好きですか	⇒	あなたは○○の味をどの程度 好きですか
			あなたは○○の香りを どの程度好きですか
●わざわざ答えづらくなる ような聞き方をしない	あなたは普段ゴミを 分別せずに出していませんか	⇒	あなたは普段、ゴミを分別して 出していますか

出典：株式会社インテージ

No. 06 ［リサーチの実施に向けて］
バイアスという名の落とし穴

リサーチの実施やデータ分析の場面では、バイアス（偏り）に注意しなければならない。ここでは、いくつかのバイアスについて紹介する。

◉ 標本バイアス

「誰を対象とした調査なのか」によって、代表性がある（市場全体を表している）結果なのか、偏りがある結果なのか、ある程度判断できる。わかりやすい例を出すと、テレビで放送される街の声。夏休みの過ごし方のインタビューでは、「旅行やレジャーなどアウトドアを楽しむ」という声が多く、「インドア派なので毎日家にいます」という声は少ない。

これは街頭インタビューというリサーチ手法のバイアスによるものである。調査対象者は街中にいる人で、テレビに映ってもよいというアクティブな生活者の声であることを頭に置いておきたい。

◉ 回答バイアス

調査の回答によるバイアスも数多く存在する。「このビールを最後に買ったのはいつ？」という質問をしても、調査対象者が正確に答えるのは難しい。実際は1年前かもしれないが、悪気なく「半年くらい前かなぁ」と答える可能性もある。グループインタビューで「勉強頻度は？」と尋ねると、本当は週1日だとしても、他の参加者の目を気にして「週3日くらいです」と答えるかもしれない。人の記憶はあいまいだったり、他者の目を気にしたり、多数の意見に流されたりする。人間本来の特性にも注意を払い、リサーチの方法や聞き方を考えることが大切だ。

● ビッグデータのバイアス

データを構成している対象や、カバー率（そのデータで市場全体をどの程度カバーできているか）の偏りなど、ビッグデータにも様々なバイアスが存在する。データ量は膨大だが、それらは必ずしも全体の縮図ではない。それぞれのデータにはどのようなバイアスがあり、分析結果にどのような影響を与えるのかを把握しておくことが重要だ。

総務省では、ビッグデータと調査データを用いてマクロ・ミクロの両面で消費動向を素早く捉える新指標の開発が進んでいる（図5）。調査データを用いてビッグデータのバイアスを補正するという実証分析が行われており、様々な業界から注目を集めている。

世の中のあらゆるバイアスを排除することは不可能だが、いろいろなデータを組み合わせたり掛け合わせたりすることによって、データの価値は高められる。今の時代、バイアスとうまく付き合っていくノウハウも不可欠だ。

図5 ビッグデータの実用化に向けた産学官連携の枠組

出典：消費関連指標へのビッグデータの活用に向けた取組について（総務省統計局）をもとに作成
http://www.soumu.go.jp/main_content/000482481.pdf [1.34MB]

> CHAPTER 5　リサーチの企画と実施

No. 07　[リサーチの実施]
定量調査の実施プロセス

　定量調査について、大まかな実施の流れを見てみよう。ここではインターネット調査、CLT、HUTの3つについて簡単に解説する（図6）。

● インターネット調査

　インターネット調査では、リサーチ会社が保有しているアンケートモニターを対象に調査することが多い。例えば「直近1年以内にお掃除家電を買い替えた生活者」にアンケートしたいとする。まずは条件に合う対象者を抽出するために、**スクリーニング調査**（事前調査）を実施する。インターネット調査の場合には、Web上に調査画面を作成しておく必要がある。

　条件にあてはまる人の出現率が仮に10%の場合、本番の調査で1000人にアンケートを実施しようと思ったら、スクリーニング調査では10000人から回答を得ておく必要がある。条件にあてはまる対象者を抽出できれば、本調査を実施する。回答の状況はリアルタイムで確認することが可能だ。

● CLTとHUT

　CLT（会場テスト）には、インターネット調査でスクリーニング調査を実施し、条件に合った対象者を抽出する方法もあれば、街中で通行者に声をかけて、条件に合った人に協力を依頼する方法もある。調査を実施する場所は、リサーチ会社が保有している会場を使用することもあれば、貸し会議室を使用することもある。

　化粧品のCLTの場合、会場にはリップやアイシャドーなど、複数の

商品が並べられており、調査対象者は会場内の調査員の案内に従って商品を試し、アンケートの回答を進めていく。また、ディスプレイでテレビCMを見て評価や感想を記入してもらうこともある。回答は事前に印刷しておいた調査票に記入してもらう場合と、会場でWeb上の調査画面から回答してもらう場合がある。

　HUT（ホームユーステスト）は、インターネット調査で事前にスクリーニング調査を実施し、調査対象者を抽出しておくケースが多い。調査票と調査対象物品（飲料や食品、雑貨など）を調査対象者の自宅に配送する。それらを受け取った調査対象者は、調査票の案内に従って調査対象物品を使用し、後日アンケート用紙を返送する。

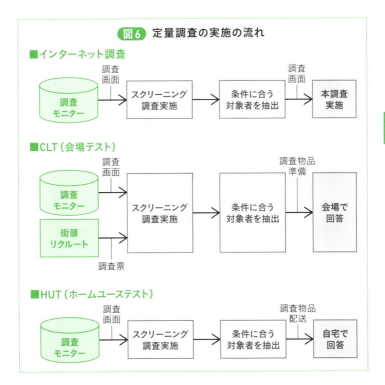

図6 定量調査の実施の流れ

> CHAPTER 5 リサーチの企画と実施

No. 08

[リサーチの実施]

定性調査の実施プロセス

　この節では、定性調査の実施の流れを簡単に説明する。特に、グループインタビューとミステリーショッピングの2つを取り上げる（図7）。

◉ グループインタビューの流れ

　定性調査の定番手法の一つに**グループインタビュー**がある。これを実施する時には、**モデレーター**の手配が必要になる。モデレーターとは、インタビューの進行を務める司会者を指す。モデレーターによってインタビューの成果が変わるといわれるほど、重要な役割である。

　インタビューの速記録が必要なら、**書記**の手配もしなければならない。1グループ6人のインタビューなら、モデレーターも含めて7人の発言を次から次へとリアルタイムで書き起こしていく。音声認識技術が発展すれば、自動的にテキストが書き起こされるようになるかもしれない。

　実施会場はリサーチ会社が保有している会場を使うケースが多い。インタビュールームは壁の一面がマジックミラーになっており、ミラーの裏側にあるバックルームからインタビューの様子を見ることができる。インタビューの対象者を集める方法としては、事前にインターネット調査でスクリーニング調査を実施する他、知人や友人を介して対象者条件に合った人を探す**機縁法**を用いることもある。インタビューの大まかな流れが書かれた**インタビューフロー**や、調査物品（パッケージ、テレビCM動画など）を準備して当日のインタビューに臨む。

◉ 顧客を装うミステリーショッピング

ミステリーショッピングは、顧客を装った専門調査員が店舗やサービスを利用し、接客レベルや体験について評価するリサーチ方法である。ホテルを例に挙げると、予約時の電話受付や外観、内装、滞在中の接客、精算や見送りの対応などが評価項目となる。

事前に評価項目と評価基準の一覧表を作成しておき、リサーチ前に専門調査員に対して説明を行う。専門調査員は店舗やサービスを利用した後に、一覧表にもとづいて調査票に評価を記入する。よかった点や改善点など、経験豊富な専門調査員の声がサービス水準の向上に役立てられることは多い。

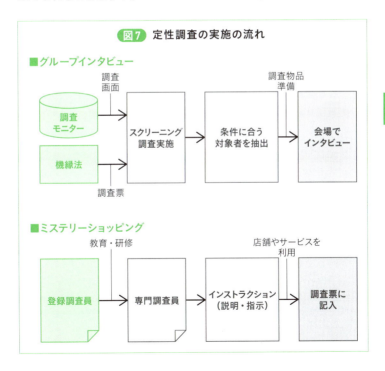

図7 定性調査の実施の流れ

> CHAPTER 5　リサーチの企画と実施

COLUMN 「お客様の声」こそ、貴重な情報源

　災害の経験則から生まれた「1:29:300の法則(ハインリッヒの法則)」という教訓がある。一つの大きな事故の裏には、29件の小さな事故があり、300件のヒヤリ・ハットがあるというものだ。

　企業が最も気にするのが顧客からのクレームやトラブルだ。ハインリッヒの法則になぞらえて、一つの重大なトラブルの背後に、29のクレームがあり、300の不満が隠れていると考えられている。お客様相談室などに届いた苦情や要望を貴重な情報として蓄積している企業もある。前日に入ったクレームを翌朝には全社で共有している企業や、テキストマイニングを使ってクレームの傾向を分析し、持続的な改善に結びつけている企業も多い。

　トラブルやクレームに真摯に対応するのは当然だが、300の不満が潜んでいることにも注意を払いたい。ある顧客は満足していても、別の顧客は不満を感じているかもしれない。不満をクレームとして企業に伝えてくれればよいのだが、残念ながら多くの不満は直接伝えられることはない。しかし、SNSやブログなど、生活者が発信できる場所は数多く存在する。企業が知らないところで不満の情報が増幅している可能性もある。SNSなどでつぶやかれている内容を傾聴する「ソーシャルリスニング」の取り組みも増えている。

　「お客様の声」にしっかりと向き合い改善を続けることで、企業は強くなっていく。リサーチの原点である。

CHAPTER 6

リサーチ結果の分析

01 データクリーニングの重要性
02 多様なデータを使える形に整える
03 重要なポイントを「10秒」で伝える
04 分析のバリエーションを知ろう
05 AIがもたらすデータ分析のイノベーション
06 データを集約する情報基盤「DMP」って何?
07 データをビジュアル化する
08 BIツールとダッシュボードの活用
09 グラフィックやイラストの活用

No. 01 [データの集計] データクリーニングの重要性

前章までにリサーチ方法をいくつか紹介してきたが、情報が集まったからといってすぐに集計や分析に移れるわけではない。**集まった一つひとつのデータをきれいな状態にして、使える形に整える必要がある。**

● 誤った意思決定をしないために

何も手を加えていないそのままのデータのことを、**ローデータ**(Raw Data：生のデータ) という。ローデータにエラーがあれば、集計データにも影響が出てくる。集計データに誤りがあれば、リサーチ結果を読み違えることになり、意思決定を誤ってしまう。ローデータのクリーニングが非常に重要だ。

ローデータの中には、**矛盾した回答データ**や**言葉のブレ**が含まれている。ある商品の認知を尋ねる質問で「知らない」と回答しているのに、その次の質問で「おいしかった」と評価する回答があれば、どちらかの回答データがおかしいと考えられる。矛盾回答の入力を機械的に防止できるインターネット調査では、データクリーニングの手間は比較的少ない。一方、調査回答者自身が筆記具を持って紙の調査票に回答を記入するような場合は、矛盾回答や回答の抜け漏れが発生しやすい。

また、好きなカフェを自由回答で尋ねると「スターバックス」「スタバ」「STARBUCKS」というように、言葉のブレ（表記の揺れ）が起こることもある。「これらは同じ『スターバックス』のことを指している」というデータ処理を施す必要がある。

なお、データのクリーニングを終えたら、データの加工に移る。「20

代男性」「30代女性」といった切り口で後から分析したい場合は、性別と年齢のデータを掛け合わせて **「性年代」** という新しい変数を作成しておくことが望ましい。

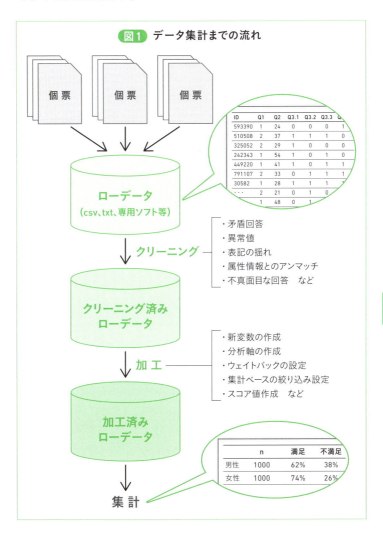

> CHAPTER 6　リサーチ結果の分析

No.
02

［データの集計］

多様なデータを使える形に整える

　2012年に雑誌Harvard Business Reviewで「**データサイエンティスト**」という職業が紹介された。膨大なビッグデータから価値のある情報を抽出するために、統計やプログラミングのスキルを兼ね備えた人材が求められるようになったのだ(図2)。常に収集され蓄積されているビッグデータを集計することで、課題解決につながるような情報や、次のビジネスに役立つ情報を得られる。

● ビッグデータ処理とプログラミング言語

　ビッグデータを処理する時にはプログラミング言語が使われる。表形式で表せるような構造化データであれば、**SQL**を使ってデータの抽出や更新が可能である。

　データ分析に特化したプログラミング言語として有名なものに**R言語**があり、統計分析ソフト（R）が無償で公開されている。**Python**は汎用的なプログラミング言語として広く活用されているが、データ分析の領域でも活用されるようになってきた。扱うデータのボリュームや特性、利用しているデータベースなどによって、最適なプログラミング言語を選ぶ。

● ビッグデータのクリーニング

　ビッグデータもサンプリングデータと同様に、そのままで分析できるケースは少ない。リサーチのために集めたデータではないため、分析には不要な情報が膨大に含まれていたり、欠損値やエラー値も存在していたりする。テキストデータや画像データなど、分析対象として

扱いにくい非構造化データも含まれている。データの粒度も多種多様な状態であるため、「使えるデータ」に変換する必要がある。

これからの時代、IoT機器やセンサーを通じて集まるデータが桁違いに増大することは間違いない。プログラミング言語やデータ処理についての理解を深めていくと共に、多様なデータを統合・分析する仕組みをうまく活用していかなければならない。

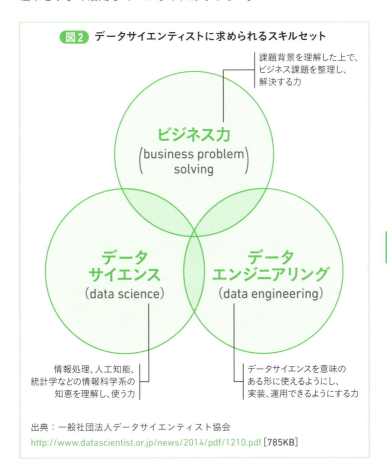

図2 データサイエンティストに求められるスキルセット

課題背景を理解した上で、ビジネス課題を整理し、解決する力

ビジネス力
(business problem solving)

データサイエンス
(data science)

データエンジニアリング
(data engineering)

情報処理、人工知能、統計学などの情報科学系の知恵を理解し、使う力

データサイエンスを意味のある形に使えるようにし、実装、運用できるようにする力

出典:一般社団法人データサイエンティスト協会
http://www.datascientist.or.jp/news/2014/pdf/1210.pdf [785KB]

> CHAPTER 6　リサーチ結果の分析

No. 03　［データの集計］

重要なポイントを「10秒」で伝える

エレベーター・ピッチという言葉を聞いたことがあるだろうか？ これは、**最重要ポイントだけを15～30秒で伝える**というプレゼン手法のことである。データの集計結果も短い時間で簡潔に伝えられるように、頭を整理しておくことが大切だ。

集計を始めると様々な結果が目の前に出てくる。課題や仮説が設定されていないと情報の洪水に溺れる、という主旨のことを前章で述べたが、**特に集計のタイミングでその状態に陥ることが多い。**

リサーチでは、調査企画の段階で**集計仕様**まで作成しておくことが望ましい。「何を集計すべきか」を事前に決めておくことで、効率的に集計を進められ、意思決定に必要な情報を導き出すことができる。

● 単純な集計結果と注意点

最も基本的な集計方法は「**単純集計**」といわれるものだ。「商品Aの売上高は前月比108％である」「このサービスの満足度は6割を超えている」「クレームが先月から2倍に増えた」など、単純集計はリサーチ結果の全体的な傾向をシンプルに示す。どのような情報をどんな切り口と数値で伝えることが適切なのかを、しっかり考えた上で伝えることが重要である。同じ集計結果でも、伝える相手や場面によって、伝え方を工夫することが望ましい。

平均値はよく使われる指標だが、**中央値**や**最頻値**という指標もあわせて頭に入れておきたい。中央値とは、データを大きさ順に並べた時に中央に位置する値であり、最頻値とは最も頻繁に現れる値のことである。一部の極端な数値に影響される平均値より、中央値や最頻値の

ほうが実態に近いという指摘がある。ニュースなどで発表される「所得金額の平均値」に多くの人が納得できない理由だ。**数値は正しくても、伝え方を間違えると解釈や意思決定を誤ってしまうのである。**

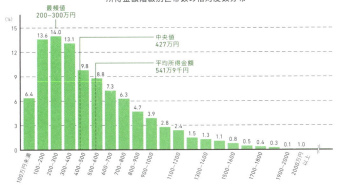

図3 シンプルな集計結果

■単純集計の例

Q. このサービスの総合的な満足度を教えてください

とても満足している	23.8%
やや満足している	37.2%
どちらともいえない	21.6%
あまり満足していない	11.8%
まったく満足していない	5.6%

とても満足している + やや満足している = 61.0%

■平均値・中央値・最頻値の例

所得金額階級別世帯数の相対度数分布

最頻値 200–300万円
中央値 427万円
平均所得金額 541万9千円

出典:「平成27年 国民生活基礎調査」(厚生労働省)をもとに作成
http://www.mhlw.go.jp/toukei/saikin/hw/k-tyosa/k-tyosa15/dl/03.pdf [128KB]

> CHAPTER 6　リサーチ結果の分析

No. 04 ［データの分析］
分析のバリエーションを知ろう

● シンプルにして有意義な「クロス分析」

分析の基本となるのは**「クロス分析」**である。最もシンプルだが、とても有意義な分析方法だと筆者は考えている。クロス分析は、地域別の売れ筋商品や年代別の来店時間帯など、2つ以上の項目を掛け合わせて分析する方法を指す。

アンケートを実施して顧客満足度が高いという結果が出た場合、その結果だけで安心してはいけない。年代別に分析を進めて「シニア層の満足度は高いが、若年層の満足度は低い」ということがわかれば、若年層に対して改善策を検討する必要がある。

● ビッグデータで期待が膨らむ「相関分析」

相関分析もよく用いられる。**「一方が変化するともう片方も変化する関係」** を相関という。精肉と焼肉のタレが一緒に買われることが多いというのは想像しやすい例だが、思いがけない商品の購入に高い相関関係が確認できれば、陳列やおすすめの方法を工夫することで売上を伸ばせるかもしれない。ビッグデータが次々に収集、蓄積されている昨今、データから意外な相関が発見され、新たなビジネス機会につながる可能性がある。

ただし、**疑似相関**（データでは相関があるように見えるが、実際にはまったく関係がないこと）に注意しなければならない。また、**相関関係があるからといって、因果関係（片方が原因で、もう片方が結果という関係）があるとは限らない**という点にも注意が必要だ。

○ 複雑な情報を読み解く「多変量解析」

複雑に絡み合った情報をわかりやすい情報に変換するための分析方法として、**多変量解析**が用いられることもある（表1）。アプリケーションを活用すれば分析結果を簡単に表示できるが、それぞれの分析手法の特性やプロセスをしっかり理解していないと、結果を読み違えるリスクがある。多変量解析に試行錯誤しているうちに、分析自体が目的化してしまうこともあるので注意が必要だ。

ここで触れた方法以外にも多種多様な分析方法が存在する。目的に合わせて適切な分析方法を選んでほしい。

表1 多変量解析

手法	概要	活用場面例
重回帰分析	複数の要因と一つの結果の関係を分析する	総合満足度を高めるためには、「味」「香り」「価格」のどれを改善すればよいのか知りたい
判別分析	複数の要因から一つの結果を判別する	顧客の行動パターンから、この商品を購入するタイプか購入しないタイプか判別したい
主成分分析	多数の変数を少数の合成変数に集約する	サービスの幅広い評価項目を少数の指標に集約して、マネジメントの効率を高めたい
因子分析	多数の変数から少数の因子を抽出する	企業の様々なブランドイメージワードから少数の因子を抽出し、特徴を導き出したい
コレスポンデンス分析	クロス集計表を散布図でビジュアライズする	自社商品と競合商品のポジショニングを生活者視点でマッピングしたい
クラスター分析	似たもの同士をグループ化する	嗜好や価値観のデータから、顧客をいくつかのグループに分けてアプローチ施策を考えたい
コンジョイント分析	複数のパターンから最適な組み合わせを導出する	「機能」「サイズ」「デザイン」など、潜在顧客にとって最適な組み合わせの商品を開発したい
共分散構造分析	複雑に絡み合う構造をわかりやすくモデル化する	競合の新商品が売れている理由をパス図で構造的に可視化し、自社の戦略立案に役立てたい

No. 05 ［データの分析］
AIがもたらすデータ分析のイノベーション

　将棋や囲碁の世界でAI(人工知能)が世界トップレベルの人間に勝った、というニュースをご覧になった人は多いのではないだろうか。盤面のパターンは、将棋は10の220乗、囲碁は10の360乗あるといわれている。それぞれのパターンは膨大であるが、機械学習などの方法を用いることによって、AIは天才的なプロを凌駕するほど高い精度の予測を実現できる状態に進化している。

● AIで広がるデータ分析と活用の可能性

　AIが機能するには、学習のもとになるデータ（教師データ）が必要である。**AIの特性を考えると、ビッグデータ分析との相性はとてもよい**。膨大なデータとそのデータを高速に処理できるハードウェアによって、これまで実現が難しかった予測や判別ができるようになってきた。AIを活用した分析技術は、生産計画時の需要予測や精緻なターゲティング広告など、すでに幅広い場面で活用されている。

　AIはテキストや画像、音声、動画の活用にも向いている。インターネット検索にはAIをベースとしたシステムが使われ始めており、膨大なデータからユーザーが求める情報を上位に表示させる仕組みが実現されている。店舗のカメラ映像に写った人物の性別や年代をAIが瞬時に見分け、来店状況を把握することも可能だ。ビーコンを活用して「店内のどこにどのくらいの時間立ち止まり、どんな経路で買い物をしたのか」を知ることでインストアマーチャンダイジングに生かすこともできる。従来の「データ分析」の枠組みとはまったく次元が異なる分析方法が出てきたことは、大いに歓迎すべきことだ。

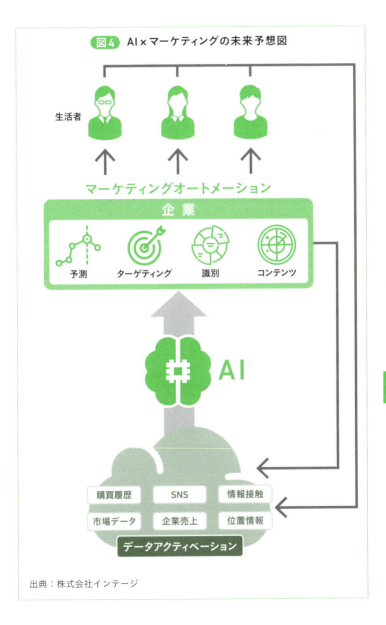

図4 AI×マーケティングの未来予想図

出典：株式会社インテージ

No. 06 [データの分析]
データを集約する情報基盤「DMP」って何?

DMP（Data Management Platform）とは、社内や社外（主にインターネット上）に存在する様々なデータを集約し、マーケティング施策に結びつけるためのプラットフォームのことである。**多様なデータを蓄積、分析することで最適なマーケティング施策を実行でき、施策後の効果検証までできる**ことから、幅広い業界で活用が進んでいる。

● オープンDMPとプライベートDMP

DMPは「**オープンDMP（パブリックDMP）」と「プライベートDMP**」の2つに大別できる。オープンDMPとは、様々なWebサイトのアクセス履歴や検索キーワードなど、インターネットユーザーの行動履歴やデモグラフィック属性が蓄積されたプラットフォームである。「輸入車のWebサイトに3回以上アクセスした、都内に住む個人年収1,000万円以上の40代男性」など、ターゲティングを精緻に行い、最適な広告を配信できる。

プライベートDMPは、オープンDMPで集められるデータに加え、自社が独自に保有しているデータを集約することで構築されるDMPである。自社の顧客情報や商品情報、オウンドメディアのアクセスログ、リサーチで収集したデータ、各種マーケティング施策の結果など、社内外の多様なデータを統合管理し、データドリブンなマーケティングを実行できる。ターゲット層の特徴（嗜好や価値観など）を外部データで把握し、把握した特徴を自社の顧客にあてはめることができれば、**顧客1人ひとりの嗜好に合った商品を、1人ひとりの価値観に合ったメッセージ**で訴求し、クリック率や来店率、購入率を高めることができる。

おすすめする商品や訴求するメッセージを顧客のパターン別にあらかじめ分類しておき、最適なタイミングで自動的に施策を実行する**「マーケティングオートメーション」**の取り組みも増えている。多様なセグメンテーションや精緻なターゲティングによる広告配信に留まらず、商品開発やサービスの改善に役立てている企業も多い。DMPに収められたデータをもとに、オンラインとオフライン両方の購買履歴や行動履歴を把握し、オムニチャネルで成果を上げる企業も出てきている。DMPやマーケティングオートメーションは、今後リサーチの代替手段になるのか、あるいは相互補完する関係になるのか、リサーチ関係者の関心も高い。

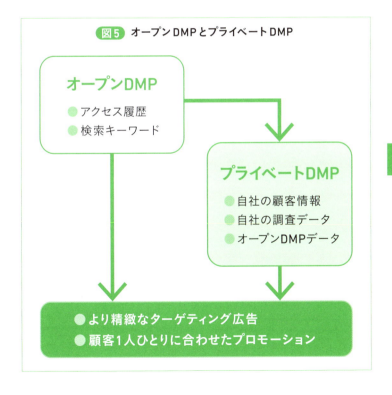

図5　オープンDMPとプライベートDMP

> CHAPTER 6　リサーチ結果の分析

No.
07

[結果の見える化]

データを
ビジュアル化する

　リサーチの結果をローデータや数表から瞬時に理解することは難しい。**数値の羅列をビジュアル化する**ことによって、リサーチ結果の傾向や特徴の理解が早くなる。

● Excelの習得は必要不可欠

　データを視覚化する方法として最も身近なものは**グラフ（チャート）**だろう。Excelを使えば、誰でも簡単に多様なグラフを描ける。職種によってはExcelを使い慣れていないかもしれないが、一度慣れればかなり幅広い用途に使えるので、習得することをおすすめする。

● 様々なツールを活用する

　リサーチ会社が保有している集計ツールや、データ活用アプリケーションも役に立つ。すでにデータが集まっていれば、ボタンをいくつか押すだけで、様々なクロス集計表を瞬時にグラフとして描き出せる。特徴的な結果が出ている箇所には自動的に色が塗られたり、データを選択するだけで多変量解析の結果を出力したりすることもできる。

　過去のデータが蓄積されていれば、期間を自由に設定して時系列グラフを描くことも可能だ。さらに、グラフをそのままExcelに出力する機能や、グラフから読み取れる簡易的な分析コメントを、PowerPointに自動出力する機能が備わっているツールもある。

　Googleアナリティクスを活用してWebサイトのアクセスを分析する企業も多い。FacebookやTwitterなどのSNSの分析ツールも幅広い業界で活用されている。

図6 集計ツール・データ活用アプリケーション

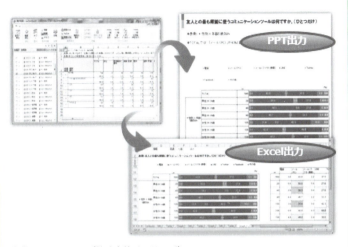

出典：Lyche-Epoch（株式会社インテージ）

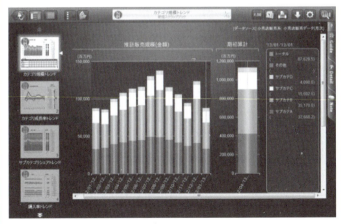

出典：iCanvas（株式会社インテージ）

> CHAPTER 6　リサーチ結果の分析

No.
08　[結果の見える化]
BIツールと
ダッシュボードの活用

● セルフサービスBIの登場

　ここ数年、**セルフサービスBI**（Business Intelligence）という言葉をよく耳にするようになった。1980年代以降、経営の意思決定にデータを活用しようという流れの中で、数多くの企業がBIシステム（いわゆる従来型BI）を構築してきたが、それらは必ずしも汎用性が高いものではなかった。システム部門が事前に要件を定義して構築するため、仕組みができあがった後に各部門が新たな分析をしたいと思っても、迅速な対応が難しいのだ。マーケティングの高速化が進む中、誰もがすぐに簡単に分析できるセルフサービスのBIに注目が集まっている。特に、膨大なデータの集計や複合的な分析には、ExcelよりBIが役立つ。Datorama、Domo、MotionBoard、Tableauなど、結果の見える化と迅速な意思決定を支える仕組みは各社から提供されており、大企業から中小企業まで広く活用されている。

● ダッシュボードで指標を追う

　BIツールにはレポーティングやビジュアライズの機能が組み込まれていることが多い。特に、主要な指標を一覧で見ることができる仕組みを**ダッシュボード**と呼ぶ。自動車や飛行機の運転席前面には、スピードメーターや燃料計など走行に必要な情報をまとめた計器盤（ダッシュボード）があるが、ここから派生して名づけられた。ダッシュボード上でマーケティングのPDCAを回すのに必要なデータを一覧で表示し、的確な舵取りを行う。

● 素早い見える化とアクションが重要

データが収集されると同時にリアルタイムでダッシュボードが更新されるようなBIツールもある。他社より一刻も早く事業機会や脅威を察知し、素早くアクションに移していかないと、自社のビジネスが弱体化あるいは消失してしまう可能性もある。デジタルによって様々なデータを収集、分析できるようになった時代だからこそ、**スピーディーな見える化とアクションがビジネス競争の勝敗を決する**。

図7　ダッシュボードのイメージ

※インテージのi-SSPデータをINTAGE connectでDatoramaのプラットフォームに搭載

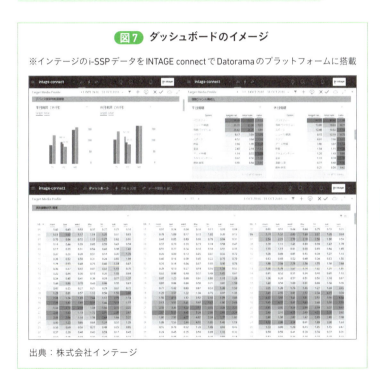

出典：株式会社インテージ

No.
09 ［結果の見える化］
グラフィックやイラストの活用

● リサーチがコンテンツにもなる「インフォグラフィック」

複雑な情報をわかりやすく伝える**「インフォグラフィック」**という方法が、幅広い分野で活用されている。様々なデータや概念が視覚的に表現されているため、理解しやすい。デザイン性が高くビジュアルとしてのインパクトが大きいため、リサーチ結果の報告に留まらず、プロモーションやコンテンツ、ニュースリリースなどに活用されている。

インフォグラフィックは静止画だが、さらに伝わりやすくするために、音声や動きを加えた**「ビデオグラフィック」**という動画も登場した。これらの手法は、ブランディングやマーケティングに役立てられている。

● 柔軟な発想を生む「グラフィックレコーディング」

「グラフィックレコーディング」への注目も高まっている。これは、ディスカッションやワークショップの内容をリアルタイムでイラストに描いていく手法だ。議事録のイラスト版ともいわれており、関係者間で認識や目線を揃えやすくなる。

リサーチの場面では、グループインタビューなどにグラフィックレコーディングが活用されている（図8）。インタビュー中に描かれたイラストを、インタビュー直後に関係者全員で見ながら振り返ることによって、記憶が新しいうちに認識をすり合わせたり、各自が気づいたポイントを話し合ったりできる。

グラフィックレコーディングのもう一つの利点として、**イラストに**

よって頭が柔軟になり、新しい発想が出やすくなることがある。そのため、会議やディスカッションの活性化や社内報告にも役立てられている。

図8 グラフィックレコーディング

©Sayaka Izumiyama

> CHAPTER 6　リサーチ結果の分析

COLUMN　**BtoBマーケティングのリサーチ**

　個人顧客向けに事業を展開するBtoC（Business to Consumer）の企業と同じように、顧客が法人であるBtoB（Business to Business）の企業でもマーケティングのデジタル化が進んでいる。BtoB事業は、「意思決定に関わる人数が多い」「取引開始までの期間が長い」「取引が始まると比較的長く関係が続く」など、BtoC事業と異なる特徴がいくつかあるものの、マーケティングやリサーチの基本的な考え方は変わらない。

　BtoB企業が見込み客との接点を作り出すことをリードジェネレーションという。これまでBtoB企業の認知獲得や接点作りは展示会などのリアルな場が多かったが、従来の接点に加えてオンラインマーケティングやPRに注力する企業が増えている。自社でオウンドメディアを保有し、コンテンツマーケティングに取り組むBtoB企業も増えてきた。

　Webサイトのアクセスログを調べることで、どの企業がどのくらい自社のサイトに訪れているのか知ることができる。資料ダウンロードやメールマガジン登録など、見込み客の情報を得ることで、セミナーやメールマガジンで接点を増やし、リードナーチャリング（見込み客の育成）を行う。セミナーの参加状況やメルマガの開封率、サイトへのアクセス状況など、様々なデータを用いて検討度合いを測定し、営業活動に結びつける。

　さらに、チャットボットを活用したWeb接客や、サイト訪問者別の最適なページ表示、マーケティングオートメーションの活用など、BtoB企業においてもデータドリブンマーケティングが進んでいる。

CHAPTER 7

リサーチの戦略的活用

01 メガトレンド
02 マーケティング 4.0
03 デジタルトランスフォーメーション
04 メーカーの商品リニューアル
05 小売の"個客"マーケティング
06 メディアのコンテンツ戦略
07 リサーチとデータで競争優位を築く
08 社内の「共通言語」を作る
09 業界横断の「共通指標」を活用する

No. 01 ［リサーチを取り巻く環境の変化］ メガトレンド

メガトレンドとは、時代の巨大な流れのことをいう。その流れはリサーチやデータで実証されている場合が多く、避けることは難しいとされている。

メガトレンドは、企業はもちろん、産業の構造や経済全体、あるいは国のあり方にまで変化を求める。巨大な潮流に合わせて変わり続ける企業や産業は持続的な成長を期待できるが、そうでないところは淘汰されていく。潮流に乗るには、やはり顧客を知らなければならない。

● 世界と日本のメガトレンド

具体的には表1のようなメガトレンドが存在する。人口動態の変化や所得の増減は、経済に大きな影響を与える。特に発展途上国といわれる各国の所得水準が上がり、購買力を持ち始めると、世界経済のパワーバランスは大きくシフトする。人口が増加すると資源に対する需要は増大し、次第に資源が不足することは自明である。テクノロジーの進化や膨大なデータの活用は、本書の中でも繰り返し述べてきた巨大な潮流だ。

世界の人口増加と逆行するように、日本国内の人口は減少する。少子化や高齢化の潮流も避けられない。日本企業が今後さらにビジネスを成長させていくことを考えると、**海外売上高比率の向上は必須**といえる。世界各国に住む生活者の慣習や消費実態を把握できていないようなら、海外市場について知見を獲得することが急務だ。

未来を知ることは誰にもできない。しかし、**データから高い確度で予測できる未来も確かに存在する**。大局的な視野を持ち、必要なリサーチでいち早く情報を獲得し、アクションにつなげていくことが求められる。

表1　2050年に向けた産業メガトレンド

3大マクロトレンド	人口増加	・2050年には100億人に近づく ・2050年には世界人口の1/2以上がアジアに
	所得増加	・2050年には主要32カ国全体で3倍近くに ・インド、アジア大洋州の伸び率が顕著
	都市化	・2007年以降、都市人口が農村人口を超過 ・2050年には全人口の6割以上が都市
需給の変化	①エネルギー不足	非在来型エネルギー開発、大水深エネルギー開発、LNG／CNG利用拡大、2次回収技術、メタンハイドレート
	②鉱物資源不足	自動化／無人化、坑内掘り化、リサイクル、代替素材開発、ナノ加工技術、海底鉱物資源
	③食料不足	農地拡大／灌漑整備、アグリインプットの向上、病害耐性／遺伝子組換、農業ICT／植物工場、加工設備／低温物流網、フードリサイクル
	④水不足	都市化による水不足、海水淡水化、水質改善、工業用水／鉱業用水、フラッキング用水、水リサイクル、農業用水／点滴灌漑
	⑤インフラ不足	鉄道／道路／空港／港湾／病院等、インフラ民営化／PPP、新興国での巨大都市計画、先進国老朽インフラ更新
構造の変化	⑥温暖化	原子力、再生可能エネルギー、大型蓄電池、スマートコミュニティ、第2・第3世代バイオマス、燃料電池／水素社会、高効率石炭火力、CO_2貯留
	⑦高齢化	医療ビジネス、介護ビジネス、予防医療ビジネス（ICT利用）、健康ビジネス（食品、運動）、高度先進医療（がん放射線）、再生医療、遺伝子診断／テーラーメード医療、シニア消費ビジネス
	⑧IoT化	IoT（ビジネスモデルの確立）、ビッグデータ・マーケティング、自動走行、AI/ディープラーニング、Fintech/ブロックチェーン、介護ロボット、医療/農業でのICT利用、ドローン/無人化、サイバー攻撃への防御
	⑨世界のフラット化	労働力・移民の流動化、労働コストの低下、グローバル企業の肥大化、FTA/EPAの進展、バブルマネー制御の必要性、仮想通貨、オープンイノベーション、頭脳競合～教育ビジネス進化、パンデミック対策、フロンティア拡大（宇宙、深海）
	⑩第3次産業化	世界的なEC（E-Commerce）化、越境ECの拡大、雇用のサービス業シフト、新興国サービス業隆興、BOPビジネス、マイクロファイナンス、マルチ→オムニチャネルシフト、ニューロマーケティング

出典：「『2050年に向けた産業メガトレンド』について」（住友商事グローバルリサーチ株式会社）をもとに作成
https://www.scgr.co.jp/report/survey/2017081727415/

> CHAPTER 7　リサーチの戦略的活用

No.
02　［リサーチを取り巻く環境の変化］
マーケティング4.0

　時代の流れに合わせて、マーケティングも進化していく。2017年8月に書籍『コトラーのマーケティング4.0』が日本で刊行された。これからのリサーチを考える上で重要な示唆が多く含まれているので、まだ読まれていない方にはご一読をおすすめしたい。ここではマーケティング4.0の概念について簡単に触れる。

● マーケティング4.0と「5A」

　この本の中で、マーケティング4.0は**「企業と顧客のオンライン交流とオフライン交流を一体化させるマーケティング・アプローチ」**と紹介されている。

　これまで、1.0は生産主導、2.0は顧客中心、3.0では人間中心のマーケティングという文脈で論じられてきた。デジタルの普及、発展が加速する中、4.0では人間中心のマーケティングの重要性がさらに高まるといわれている。それはすなわち、生活者を知るためのリサーチや生活者に寄り添ったマーケティングが今後ますます重要になることを意味している。

　マーケティング4.0では、新しいカスタマージャーニーとして「5A」のフレームが提唱されている（図1）。同書では、各段階における顧客の行動特性や産業別の類型が詳しく書かれている。ここで重要な論点は、オンライン・オフラインのあらゆる顧客接点を生活者視点で改めて見直し、有効なオムニチャネルの仕組みを構築・機能させることで、**AWARE（認知）からADVOCATE（推奨）までを統合的にデザインする**ことといえる。

そのためには、生活者の価値観や嗜好、行動を詳しく知ることがやはり重要である。**ソーシャル・リスニング**や**ネトノグラフィー**、**共感的リサーチ**など、生活者を理解する方法についても触れられているので、本書とあわせてこれからのマーケティングやリサーチに思いを巡らせてみてほしい。

図1　新しいカスタマージャーニー「5A」

AWARE	APPEAL	ASK	ACT	ADVOCATE
認知	訴求	調査	行動	推奨
コンテンツを通じて知る	機能に興味を持つ	友人に意見を求める	お店に訪問する	友人にすすめる
広告を見て知る	デザインに惹かれる	SNSで評判を調べる	商品を購入する	SNSに投稿する
店頭で見かける	ストーリーが面白いと感じる	ネットでクチコミを見る	サービスを利用する	持続的に購入する

出典：『コトラーのマーケティング4.0』(フィリップ・コトラー、ヘルマワン・カルタジャヤ、イワン・セティアワン著／恩藏直人監修／藤井清美訳／朝日新聞出版)を参考に作成

No. 03 ［リサーチを取り巻く環境の変化］
デジタルトランスフォーメーション

　デジタル時代の象徴的なキーワードの一つといえば**「デジタルトランスフォーメーション（DX）」**である。これは**ITの浸透や活用によって生活のあらゆる面を望ましい方向に変えていく**という概念で、2004年にスウェーデンのエリック・ストルターマン教授が提唱したといわれている。Google Trendsを見ると、2016年頃から検索数が大きく伸びており、注目が高まっていることがうかがえる。

　IDC Japanでは「全社的にDXに取り組む企業が増えているものの、その取り組みは短期的で、従来のビジネスの効率化が中心」と分析している（図2）。デジタルトランスフォーメーションというと、大企業が取り組むものと思われる節もあるが、それは誤解である。今日では、地方の温泉旅館や農家や漁業など、企業規模にかかわらずほとんどの産業でデジタル変革の動きが進んでいる。

● マーケティングにおけるデジタルトランスフォーメーション

　デジタルのチカラを用いて、シェアリングサービスなど新しいサービスモデルも登場している。需要と供給の状況をデジタルで捉え、リアルタイムに価格を変動させる**ダイナミックプライシング**に取り組む企業も増えている。多様なデータに支えられた高度なレコメンドやパーソナライゼーションも、生活者に新しいベネフィットを与えている。

　デジタル化することによる大きなメリットの一つは、データが蓄積されるということだ。これまで述べてきたように、データをうまく活用することができれば、顧客と企業の関係をよりよい方向に導いていくことができる。良好な関係を持続的に築くことができれば、**顧客ロ**

イヤリティは次第に高まり、LTV（Life Time Value：顧客生涯価値）も向上する。

> CHAPTER 7　リサーチの戦略的活用

No. 04　［リサーチのマーケティング活用］

メーカーの商品リニューアル

　モノ余りの時代ともいわれる昨今、メーカー各社の競争は熾烈だ。競争優位性の高いマーケティングを実現しているメーカーは、市場機会の特定に始まり、マーケティング戦略や施策の検証、施策実行後の結果検証に至るまで、すべてのフェーズで生活者に関するデータやリサーチを活用している。

● リニューアルプロセスとリサーチ例

　一例として、ロングセラー商品のリニューアルを進めるマーケティングプロセスを図3に記した。ロングセラー商品の課題としてよく挙げられるのが「ブランドの若返り」だ。

　従来の顧客から長年支持され続けているが、時を重ねるにつれて顧客は高齢化していく。次の世代の顧客を取り込めないと商品の売上は次第に縮小する。**若返りはロングセラー商品の宿命的な課題なのだ。**

○ ターゲットの調査

　市場の推移や各社のシェア、生活者の動向をデータで捉えることで、これからのターゲットを選定する。これまであまり接点がなかった若い世代を新たにターゲットにしようとするなら、若年層のカスタマージャーニーや感情について、可能な限り深く理解しておく必要がある。

　また、若年層といっても一括りにはできない。どのようなタイプやセグメントの若年層が自社の顧客になってくれそうか、ここでもデータから仮説を作ることが大切だ。

図3 ロングセラー商品の若返りに向けた大型リニューアル

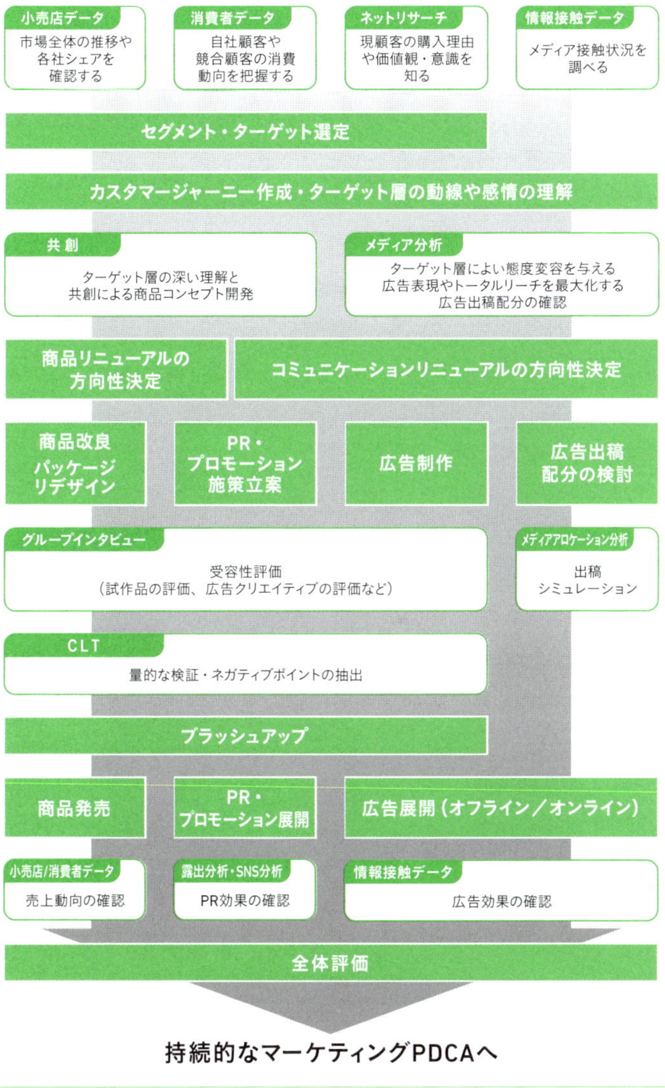

小売店データ
市場全体の推移や各社シェアを確認する

消費者データ
自社顧客や競合顧客の消費動向を把握する

ネットリサーチ
現顧客の購入理由や価値観・意識を知る

情報接触データ
メディア接触状況を調べる

セグメント・ターゲット選定

カスタマージャーニー作成・ターゲット層の動線や感情の理解

共創
ターゲット層の深い理解と共創による商品コンセプト開発

メディア分析
ターゲット層によい態度変容を与える広告表現やトータルリーチを最大化する広告出稿配分の確認

商品リニューアルの方向性決定 | コミュニケーションリニューアルの方向性決定

- **商品改良パッケージリデザイン**
- **PR・プロモーション施策立案**
- **広告制作**
- **広告出稿配分の検討**

グループインタビュー
受容性評価
(試作品の評価、広告クリエイティブの評価など)

メディアアロケーション分析
出稿シミュレーション

CLT
量的な検証・ネガティブポイントの抽出

ブラッシュアップ

- **商品発売**
- **PR・プロモーション展開**
- **広告展開(オフライン/オンライン)**

小売店/消費者データ
売上動向の確認

露出分析・SNS分析
PR効果の確認

情報接触データ
広告効果の確認

全体評価

持続的なマーケティングPDCAへ

○ リニューアルの方向性を考える

既存商品のリニューアルには、時に大胆な発想を求められる。アイデアをたくさん出すツールとして、「**オズボーンのチェックリスト**」（表2）がよく知られている。実現可能性や有効性は後で検証するとして、チェックリストに沿ってアイデアを数多く出すことでリニューアルの振れ幅が広がる。次の顧客となる若年層と一緒に話し合うことも有意義だろう。

○ メディア接触や表現を検討するための調査

新しい世代の顧客は、メディア接触についても従来の顧客とまったく違う可能性がある。これまではテレビCMで認知を獲得できていたが、若い世代をターゲットにするならネット媒体やSNSにリソースを配分したほうがよいかもしれない。

PR内容や広告表現についても、これまでの伝え方やクリエイティブを大胆に見直す必要がある。若年層に関するデータやリサーチ結果をつぶさに確認しながら、商品企画やPR、広告に反映していく。

○ プランの検証

商品の試作品や広告案ができあがったら、定性調査や定量調査を活用して、**プランの妥当性**を検証する。調査対象者の表情や言葉を直接確認できるグループインタビューには、メーカーのブランドマネジャーや商品開発の担当者、宣伝担当者など関連部門の担当者が総出で参加する。発売前の定量調査では、「7段階の満足度評価で『とても満足』＋『満足』の割合が70％以上でなければ発売しない（再改良または撤退）」というように、発売基準を厳密に設けている企業もある。

ターゲットを大きく変える場合に気をつけなければならないのが既存顧客の反応だ。若い世代を対象にリサーチして高い評価を得られ

たからといって、そのままマーケティングアクションを進めてはならない。進めようとしているマーケティングプランによって、高齢化した既存顧客の反発を招かないか、あるいは商品から離れていってしまわないか、既存顧客に対しても綿密なリサーチが必要だ。**新しい世代を取り込む前に既存顧客が離れていってしまうと、ブランドは崩壊する。**

○ 発売後の動向調査

商品発売後の動向も継続的にデータでトラッキングする。若年層は自社の商品を買ってくれたのか、既存顧客は離脱していないか、計画とズレがあれば適宜マーケティング施策を軌道修正する。強い商品ブランドを築いているメーカーの多くは、マーケティングPDCAのあらゆるフェーズでデータやリサーチを活用している。

表2　オズボーンのチェックリスト

転用（Put to other uses）	他の使いみちはあるか？
応用（Adapt）	何かの真似ができるか？
変更（Modify）	何かを変化させられるか？
拡大（Magnify）	より大きくできるか？
縮小（Minify）	より小さくできるか？
代用（Substitute）	何かを代用できるか？
置換（Rearrange）	何かを入れ替えられるか？
逆転（Reverse）	何かを反対にできるか？
結合（Combine）	何かと合体できるか？

出典：『知的生産力が劇的に高まる最強フレームワーク100』（永田豊志著／SBクリエイティブ）を参考に作成

> CHAPTER 7 リサーチの戦略的活用

No. 05 ［リサーチのマーケティング活用］
小売の"個客"マーケティング

多くの人が、どこかのお店のポイントカードを持っているだろう。会計をすると、POSシステムによって「いつ、どこで、何が、いくらで販売されたのか」という情報が集まる。ポイントカードを提示すると、販売データと顧客属性が紐づいた状態で情報が蓄積されていく。個人情報はマスキングされているが、顧客の購買履歴をもとに商品の併買やリピートの状況を把握できる。より深く顧客を知ることができるので、マーケティング戦略に役立つ情報となる。商品のおすすめや来店キャンペーンなど、1人ひとりに合わせたプロモーションにも役立てられている。

● リサーチ×ID-POSによる高度なターゲティング

このように、性別や年齢など個人の属性が付与されたPOSデータのことを**ID-POS**データという。このデータにさらに情報を追加することで、高度なターゲティングを行う取り組みが小売各社で急速に進んでいる。

一例を挙げると、**リサーチで得られた生活者の価値観や意識のデータを付与する**取り組みがある。同じ30代女性でも、本格志向、節約志向、簡便志向など、様々な価値観の生活者が存在している。このような価値観のデータが加わることにより、マーケティングは進化する。例えば、One to Oneマーケティングが精緻化され、おすすめ商品やメッセージの伝え方を顧客1人ひとりに合わせて使い分けられる。顧客の好みに近い商品を、その人向けのメッセージで提案できるので、購入につながる可能性は高くなる（図4）。

すべての顧客の情報を店舗別に分析することで、各店の客層も把握

できる。「本格志向の顧客が多い店舗」と「節約志向の顧客が多い店舗」では、陳列する商品やPOPのメッセージなどを変え、店舗に応じて最適化することで集客数や購入率が高まるだろう。データやリサーチを活用し、**企業から生活者に寄り添う取り組みが顧客の支持を得る**のである。

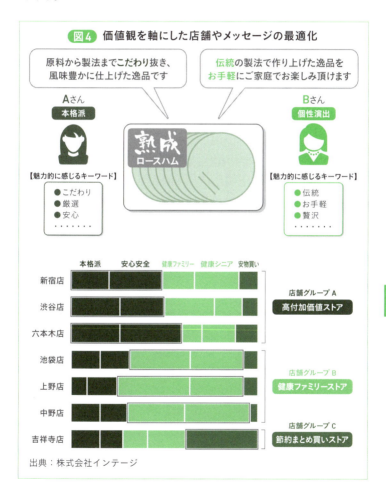

出典：株式会社インテージ

> CHAPTER 7　リサーチの戦略的活用

No.
06

［リサーチのマーケティング活用］

メディアのコンテンツ戦略

● 視聴者分析の本格化

　日本のテレビ放送は2011年にアナログからデジタルに完全移行した。データ放送やハイブリッドキャストによって、デジタル技術を介して視聴者が番組のクイズに参加したり、SNSでつぶやいたコメントが番組中に表示されたり、番組と視聴者の双方向の情報受発信が進化している。番組の放送中に視聴者がSNSにコメントを投稿し、それを見た他のSNSユーザーが反応することも珍しくなくなった。

　生活者の発信力が強くなったデジタル時代では、メディアにとっても生活者を知ることの重要性が高まったといえる。どのような生活者が視聴者層なのか、その番組を見る前はどのコンテンツを見ていたのか、新たな視聴者を取り込むのに必要な要素は何か。生活者のメディア接触や嗜好を把握して、番組の制作や編成に役立てるケースも増えてきている。

● 動画配信サービスのアプローチ

　生活者はテレビのスクリーンだけでなく、移動時間やちょっとしたすきま時間にスマートフォンやタブレット端末でコンテンツを楽しんでいる。テレビ番組の録画視聴だけでなく、dTV、Hulu、Netflix、Amazonプライム・ビデオなど、動画配信サービスの利用者も増えている。これらには定額制やレンタル型など、いくつかの形態が存在するが、各事業者は膨大なデータを活用し、ユーザーの体験を持続的に高めている。

ここで活用されるデータの一つは、ユーザーに関する情報である。性別や年齢といった属性情報やコンテンツの視聴傾向をもとにユーザーの特性を把握している。もう一つのデータはコンテンツに関する情報だ。映画ならジャンルやストーリー、出演者など、数多くのメタデータをコンテンツに付与し、情報として紐づけている。

　ユーザーのデータとコンテンツのデータを高速で統合分析することにより、「このユーザーは、次にこの映画を見る可能性が高い」と予測し、それぞれのユーザーに合ったコンテンツが提案される（図5）。**レコメンドが最適化されるにつれて、ユーザーのコンテンツ視聴は増える傾向にあり、結果として契約の継続率が高まる**ことがわかっている。

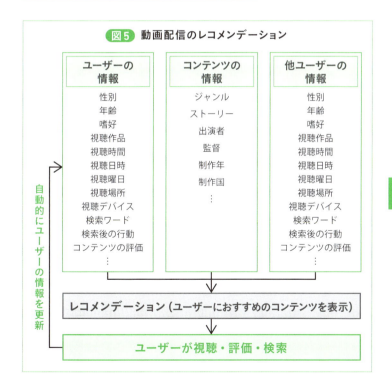

No. 07　[リサーチの組織的活用]

リサーチとデータで競争優位を築く

　企業の様々な機能を生かして付加価値が生み出される一連の活動を「バリューチェーン」という（図6）。この中で、自社や競合がどのプロセスで大きな価値を生み出しているのかは、以前から分析対象であった。**競争優位の源泉を知ることは、自社の戦略立案や競合動向の予測に役立つ。**

● 全社で取り組むデータドリブンマーケティング

　デジタル時代に入り、「これからはデータ活用が競争優位の源泉になる」というメッセージが様々な企業から発信された。リサーチやデータ活用は、もはや特定の部門の業務ではなく、**組織のあらゆる部門が関係を持つべき領域**になった。

　データから商品の需要を予測するには、マーケティングや販売部門だけでなく、調達や製造、物流部門などとも連携する必要がある。自社のプラットフォームに新たなマーケティングデータを取り入れようと思ったら、テクノロジー部門とマーケティング部門が協調しなければならない。例えば「購入後に寄せられるお客様の声をAIで分析して、商品開発や営業戦略に反映する」という仕組みを作ろうとすると、幅広い部門の協力が求められる。

　リサーチやデータの活用によって売上やコストが大きく上下することを考えると、財務部門とマーケティング部門は今まで以上に密接にコミュニケーションをとることが望ましい。データ分析の知識や経験を持つ人材の不足が報道されているが、人材獲得競争が熾烈になっている現状を鑑みると、人事部門の果たす役割も非常に大きい。

何より、経営層が自らリサーチやデータの知見を広げ、データを活用した戦略を描き、**デジタル時代に合った組織に変革していくチカラ**が求められている。第1章08節の内容も改めて振り返ってみてほしい。

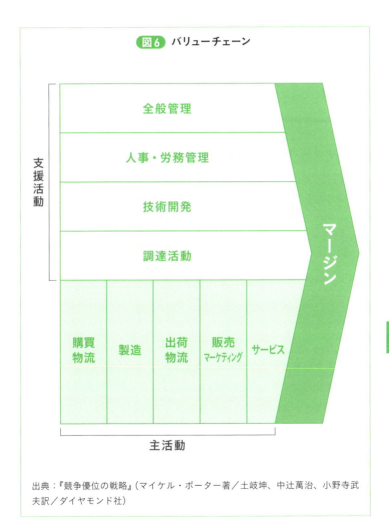

図6 バリューチェーン

出典：『競争優位の戦略』(マイケル・ポーター著／土岐坤、中辻萬治、小野寺武夫訳／ダイヤモンド社)

No. 08 [リサーチの組織的活用] 社内の「共通言語」を作る

　企業規模が大きくなると部門間での情報連携が難しくなる。各部門が個別最適に陥り、他部門と情報共有や業務連携をしなくなる状態を**「組織がサイロ化している」**と表現する。各部門がバラバラに動いている状況下では、多くのムダが発生し、全社の目標を達成できないリスクが高い。すべての部門が共通の目標に向けて有機的に連携し、上位目標と各指標がつながっていて、それぞれのPDCAが適切に回っている状態が理想的だ。そのためには、社内で**「共通言語」**を持つことが有効である。

● 共通言語の重要性

　マーケティングに長けた企業では、全社目標を達成するために必要な指標と目標値がすべての部門に公開されている。どの指標をいつまでにどのくらいの水準まで高めなければならないか、あるいはどのデータやリサーチを使って測定するか、といったことを明確にしている。

　このような共通言語を持たないとどうなるか。まず、売行がよかったのか悪かったのか、成否の判断が社内であいまいになる。あまり売れなかった場合に、「商品がダメだったからだ」「いや、プロモーションがよくなかった」「CMの出稿量が少なかったせいだ」「営業部門の努力が足りないんだ」と、部門間で衝突が生じるかもしれない。社内のそのような軋轢は避けなければならない。

　各部門を最上位でつなぐ**CMO**（Chief Marketing Officer：最高マーケティング責任者）の存在はとても重要である。日本にはCMOがまだ少ないといわれているが、データやリサーチを組織的に活用し、そ

のチカラを最大化させていくためには、組織全体のイノベーションも求められる。すべての部門が生活者を中心に考え、社内外のデータを活用し、社内の共通言語を確立することができれば、意思決定の精度と速度は格段に高まる。情報活用の段階が進むにつれて、社内の情報流は活発になり、インサイトの導出や有効なアクションが生まれやすくなる（図7）。

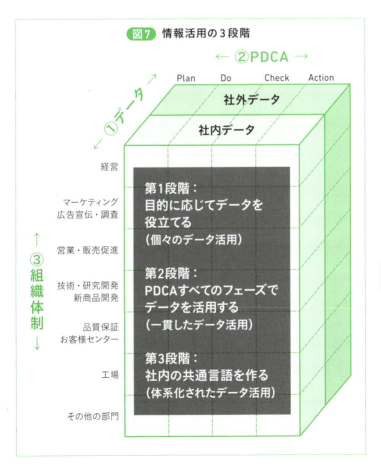

図7 情報活用の3段階

No.
09 ［リサーチの組織的活用］
業界横断の「共通指標」を活用する

　1人の生活者は「商品の購入者」であり、「店舗の来店客」であり、「コンテンツや広告の視聴者」でもある。これまで、商品の購入状況はメーカーが、店舗の来店状況は小売企業が、コンテンツや広告の視聴状況はメディアや広告会社が、それぞれリサーチして情報を得ていた。リサーチの対象である生活者は同じ人物なのに、リサーチの方法や見ている指標が各業界でバラバラであるため、真に生活者の視点に立ったマーケティングを実現できていないという課題が発生していた。

● 真の生活者視点マーケティング

　ここ数年、各業界で大きな変化が表れている。すなわち、「**生活者に関する業界横断的なデータがあれば、真に生活者に寄り添ったマーケティングを実現できるのではないか**」という潮流だ（図8）。

　例えば、いくつかの消費者セグメントの中で「時短志向&本格派の働くお母さん」を主な顧客層とする場合、セグメントや顧客層の情報について各業界で共通の認識ができていれば、有益なマーケティング施策を協力して実行できる。

　「会社帰りの電車の中、スマートフォンでレシピサイトを見て夕食の献立を決め、駅近くのスーパーに立ち寄って食料を購入する。時間をかけずに調理できる本格的な味わいの食品が好み」という顧客層のデータを各業界が共有できている状態を想像してみよう。会社帰りのタイミングに本格的な味わいの商品がレシピサイトに表示され、お店の近くに来るとその商品のクーポンが届き、陳列棚の前ではデジタルサイネージが商品を案内してくれる。こんなマーケティング・アプ

ローチができれば、商品購入につながる可能性は高まるだろう。

　当然ながら、コンテンツやクーポンが押し売りと感じられると、生活者は途端に背を向けてしまう。真に生活者の視点に立った提案を、適切なコンテンツ、適切なメッセージ、適切なタイミングで行うには、業界を横断した協力がカギになる。業界間をつなぐ情報として、生活者を的確に捉えるデータやリサーチの役割は極めて重要だ。

> CHAPTER 7　リサーチの戦略的活用

COLUMN　**リサーチの未来**

　リサーチが果たす役割は今後格段に高まっていく。これまで「リサーチ」と捉えられていた範囲は再定義され、テクノロジーやデジタル技術と連携することで提供価値をさらに増していくだろう。生活者はスマートフォンを手に、いつでもどこでも情報を集め、他者とつながり、自ら情報を発信するようになった。オンラインとオフラインのチャネルを縦横無尽に往来し、そのカスタマージャーニーは年々多様化、複雑化している。

　「生活者を知ること」の重要性がこれまでになく高まっていることを、本書を通じて繰り返し伝えてきた。

　多種多様なデータが毎秒膨大に生まれており、高度な分析を可能にするシステムも次々と登場している。機械学習やAIによってアルゴリズムも洗練され、無機質なデータから有益なインテリジェンスが導き出される。今後数年は「データの価値化と活用」が競争の中心になる。ビッグデータもリサーチ結果もそのままでは戦略や施策に活用できないケースが多い。データを価値化するための仕組みをいち早く確立し、コンシューマーセントリックなアクションを組織全体で実現できる企業が生活者からの支持を得られる。

　本書の冒頭で「リサーチに必要なのは、絶え間ない好奇心と探求心である」と述べた。データの種類やリサーチの手法は時代に応じて変わっていくが、「知りたい」という気持ちがリサーチのスタートであることに変わりはない。本書で紹介した内容を面白いと感じていただけたなら、リサーチの未来を作るのは、もしかするとあなたかもしれない。

あとがき

「マーケティングは顧客の欲求から始まる」というドラッカーの言葉を、本書の中で何度も引用した。生活者が主役の時代、顧客を知ることの重要性は極めて高い。私自身、今回この本を執筆するにあたり、リサーチを初めて学ぶ方々の欲求を強く意識して構成や内容を繰り返し検討した。リサーチとはどのようなものか、とにかくイメージが膨らむように幅広い視点を織り交ぜてみたが、読者のみなさまの欲求にお応えできただろうか。

本書は第1章から7章まで全64節、販売価格は消費税8%を含めて1,814円なので、1節あたり平均29円以上の価値を提供できていなければならない。リサーチの"超"入門書を書いたからには、書いて終わりではなく、読者の方々のお役に立てたか、しっかりと効果を測定したいと考えている。読者のみなさまからの評価は、インターネット上でのレビューや販売部数という目に見える形で表れるので、定量・定性の両データを真摯に受け止め、次に生かしていきたいと考えている。

今回初めて書籍を執筆するにあたり、翔泳社の編集者である石原真道さん、秦和宏さんには数多くのアドバイスや励ましをいただいた。貴重な機会をいただき、4カ月にわたる執筆活動を支えていただいたことに大変感謝している。本書の制作や発行に携わっていただいた多

くの方々にも感謝の意を表したい。

　また、この本に書かれている内容は、当然ながら私一人の知見ではない。これまでの人生でお会いしたお客様、上司、先輩、同僚、後輩、友人との関係の中で得られたエッセンスが大量に含まれている。紙幅の関係で1人ひとりの名前を記すことはできないが、この場をお借りして感謝の想いをお伝えしたい。

　最後に私事だが、本書の執筆中に第一子が誕生した。妊娠、出産という大変な時期に執筆活動を許してくれた妻には大いに感謝している。生まれてきた娘を通じて、今まで知らなかった商品やサービスを知る機会も増えてきた。好奇心と探究心が日々刺激されている。

　娘の世代が幼稚園に入園するのは2020年、中学校に入学するのは2030年、社会人になる頃には2040年を迎える。生活環境や労働環境、人々のライフスタイルも大きく変わっていくことだろう。マーケティングやリサーチのあり方も、今とはまったく異なるものになっていくはずだ。そのようなダイナミックな変化を存分に楽しみながら、デジタル時代を深く味わっていきたい。

2017年12月
石渡 佑矢

> 著者推薦！

マーケティング＆リサーチのおすすめブック・ガイド

コトラーのマーケティング4.0
スマートフォン時代の究極法則

デジタル時代の環境変化やマーケティングの考え方について書かれたフィリップ・コトラーの著書。デジタル時代のマーケティングの要点を俯瞰的に知ることができるため、カスタマージャーニーやオムニチャネル、ブランディングなど、個々のテーマを学ぶ前の1冊として最適である。基礎的なマーケティング知識を得たい場合は、同著者の『マーケティング原理』や『マーケティング・マネジメント』もおすすめである。

フィリップ・コトラー、ヘルマワン・カルタジャヤ、イワン・セティアワン 著／恩藏直人 監訳／藤井清美 訳／朝日新聞出版／2017年発行

データ・ドリブン・マーケティング
最低限知っておくべき15の指標

データの重要性を強く感じる本。マーケティングを進める上で重要な「15の指標」が、具体的な事例と共に丁寧に解説されている。施策立案のための顧客分析や効果測定の方法が紹介されており、グループインタビューや定量調査の有用性にも触れられている。第2章に書かれた「5つの障壁」を乗り越えられるかどうかが、企業の今後の成長を左右するといえる。各章末にポイントが書かれているため、初学者も要点を押さえやすい。

マーク・ジェフリー 著／佐藤純、矢倉純之介、内田彩香 訳／ダイヤモンド社／2017年発行

▷▷ 著者推薦！　マーケティング＆リサーチのおすすめブック・ガイド

アマゾノミクス
データ・サイエンティストはこう考える

Amazonの元チーフ・サイエンティストによって書かれた本。AmazonやFacebook、Googleなど、膨大なデータを持つ企業が顧客から日々どのようなデータを収集し、活用しているのかを知ることができる。A/Bテスト、購入予測とレコメンド、個人特性の特定とパーソナライゼーション、センサーデータや音声データなど、デジタル時代のリサーチとマーケティングを存分に味わえる内容となっている。

アンドレアス・ワイガンド 著／土方奈美 訳／文藝春秋／2017年発行

分析力を武器とする企業
強さを支える新しい戦略の科学

データの分析力が業績に直結することを感じる1冊。前半では、分析力で競争優位を保っている企業の特徴や社内外での活用事例が書かれており、後半では、組織的に分析力を高めるためのロードマップが書かれている。データ分析に対する経営層の強いコミットメントや、それを支える人材・技術の確保がこれからの競争格差につながる。ネットフリックスやウォルマートやP&Gなど、各業界のモデルケースが随所に盛り込まれている。

トーマス・H.ダベンポート、ジェーン・G.ハリス 著／村井章子 訳／日経BP社／2008年発行

マーケティング&リサーチの おすすめブック・ガイド

著者推薦!

課題解決! マーケティング・リサーチ入門
プロに学ぶ「市場の事実」「消費者の心理」「商品の可能性」の調べ方

「売上低下の原因を探りたい」「強みの技術を活用して新商品を開発したい」「広告戦略の立案に悩んでいる」など、様々なマーケティング課題とそれぞれの解決ステップに主軸が置かれた本。リサーチはあくまで課題を解決する手段であり、この本を通じて、課題に応じた解決のパターンを習得することができる。課題解決のステップを事前に描けるようになれば、本当に必要なリサーチと分析に時間を使うことができる。

田中洋 編著/リサーチ・ナレッジ研究会 著/ダイヤモンド社/2010年発行

「おいしい」のマーケティングリサーチ
新市場創造への宝探し

食品メーカーで30年間、リサーチを活用して新商品開発や新市場開拓を進めてきた著者の本。実体験をもとに書かれた内容であるため、リサーチの位置づけや活用方法に説得力を感じる。特に、"N=1のビッグデータ"(1人を詳細に調査すること)の重要性が記されており、デジタル時代に見落としがちな視点を与えてくれる。"マーケティングリサーチは宝探し"という章タイトルから、著者のリサーチにかける情熱が強く感じられる。

高垣敦郎 著/碩学舎/2016年発行

▷▷ 著者推薦！　マーケティング＆リサーチのおすすめブック・ガイド

消費者ニーズ・ハンドブック
ロングセラー商品を生み出す240の法則

消費者のニーズを240の法則にまとめた本。生活者を起点としたマーケティングを実施するにあたって、ニーズを知ることは極めて重要だ。行動の背景にどのような深層心理が潜んでいるのかを知ることで、商品開発やコミュニケーションに活かすことができる。デジタル時代においても消費者の本質的なニーズやパターンは不変である。既存顧客や潜在顧客を知るために、業界を問わず、辞書的に活用できる1冊である。

梅澤伸嘉 著／同文舘出版／2013年発行

インサイト
消費者が思わず動く、心のホット・ボタン

消費者のインサイト、すなわち「ホンネ」について書かれた本である。2005年に発売された書籍だが、その内容は今なお色あせていない。第2章では、ホンネを引き出す調査方法としてエスノグラフィック調査や写真を活用した調査が紹介されている。後半では、ハーゲンダッツやシックの事例を用いて、消費者の具体的なインサイトやコミュニケーション戦略、広告表現について詳しく説明されている。

桶谷功 著／ダイヤモンド社／2005年発行

マーケティング＆リサーチの おすすめブック・ガイド

そんなマーケティングなら、やめてしまえ！
マーケターが忘れたいちばん大切なこと

コカ・コーラ社の元マーケティング最高責任者によって書かれた本。マーケティングの基本的なスタンスやリサーチデータに対する考え方が、在任中のエピソードと共に豊富に記されている。私自身、何十回も読んでいる本だが、読み返す度に新たな発見や本質に気づかされる。インターネットも十分に普及していなかった2000年に発刊された著書だが、マーケターやリサーチャーがこの本から学ぶべきことはとても多い。

セルジオ・ジーマン 著／中野雅司 訳／ダイヤモンド社／2000年発行

なぜこの店で買ってしまうのか
ショッピングの科学

インストアマーチャンダイジングについて、数々の調査に基づく知見がまとめられた本。店内レイアウトや陳列方法や店員の配置など、ちょっとした工夫で来店客を購入客に転換し、売上を高めることができる。オンラインショッピングが成長を続ける昨今においても、9割の消費はいまだオフラインの店舗で行われている。来店客をリサーチする時の視点や、店内施策への反映など、小売企業に勤めている方には必読の1冊といえる。

パコ・アンダーヒル 著／鈴木主税、福井昌子 訳／早川書房／2001年発行

▷▷ 著者推薦！　マーケティング＆リサーチのおすすめブック・ガイド

USJを劇的に変えた、たった1つの考え方
成功を引き寄せるマーケティング入門

USJでCMOを務め、V字回復させた実績を持つ著者の本。USJでの成功体験の裏側が惜しげもなく豊富に書かれており、本書の内容を追体験することで、マーケティングとは何か、ということをわかりやすく理解できる。一連のマーケティング活動を把握することで、リサーチやデータ分析の位置づけもつかむことができるだろう。実務を通じて体得された知見が数多く記されているため、本書で触れられるエッセンスには大きな価値がある。

森岡毅 著／KADOKAWA／2016年発行

広告ビジネス次の10年
データを制するものがビジネスを制す

広告ビジネスの現状と未来について書かれた本。デジタル化に伴い、生活者のメディア接触や行動が大きく変わってきている中、広告のビジネスモデルもドラスティックな変革を迫られている。インターネットやアドテクノロジーの進化により、広告ビジネスの競争環境も変わり、広告主企業の意識も変わってきた。広告会社に勤めている人だけでなく、メディアやコンテンツの制作に携わっている人にもおすすめしたい。

横山隆治、榮枝洋文 著／翔泳社／2014年発行

Glossary | 用語集

RFM分析
Recency（最新購買日）、Frequency（購買頻度）、Monetary（購買金額）の頭文字を取った分析手法。顧客をスコアリングし優良顧客を判定するのに用いられる。

RLSA
Remarketing Lists for Search Adsの略。検索広告向けリマーケティングの意。従来の検索広告キャンペーン（検索連動型広告）に対し、リマーケティングで活用しているリストを紐づける。

ROI
Return On Investmentの略。投下した資本がどれだけの利益を生んでいるのかを測る際に使われる基本的な指標。企業の収益力や事業における投下資本の運用効率を示す。ROIは大きいほど収益性に優れた投資案件ということになる。

ROAS
Return On Advertising Spendの略。広告の効果を測る指標の一つで、売上を広告費用で割ったもの。この値が高いほど効率的に広告を出稿できていることになる。

RTB
Real Time Bidding（リアルタイム入札）の略。広告のインプレッションが発生するたびに競争入札を行う仕組みで、プログラマティック広告の代表的な取引形態。

Earned Media
ソーシャルメディアなどの外部メディア。商品を売り込むことが目的なのではなく、そこにいるユーザーからの信頼や知名度を「得る」ことが目的とされる。

IoT
Internet of Things（モノのインターネット）の略。様々なモノがインターネットに接続し、相互に通信を行うこと。

AISAS
Attention（注意）→ Interest（関心）→ Search（検索）→ Action（行動）→ Share（情報共有）の頭文字を取ったもので、インターネット普及後の時代の消費者による購買行動を説明するモデル。

AIDMA
Attention（注意）→ Interest（関心）→ Desire（欲求）→ Memory（記憶）→ Action（行動）の頭文字を取ったもので、消費者が商品の認知から購買に至るまでのプロセスモデル。

アクセシビリティ
情報やサービス、ソフトウェアなどの利用しやすさ。特に、高齢者や障害者などハンディを持つ人にとって、どの程度利用しやすいかという意味で使われることが多い。

アクセス解析
Webサイト（ウェブページ）への利用者（ユーザー）の訪問履歴（アクセスログ）を解析すること。

アップセル
ある商品の購入を検討している顧客に対して、価格や利益率がワンランク上の製品を提案することで売上向上をめざすこと。

アドサーバー
ネット広告の配信を行うサーバー。広告配信事業を専門に行う事業者が運用するサーバーを用いることが多い。

アドテクノロジー
インターネット広告技術の総称。アドネットワーク、DSP、アトリビューション分析など、仕組みから最適化手法まで幅広く含まれる。

アドフラウド
ボットによる広告表示のこと。悪意のあるサイト運営者が、広告閲覧回数を水増しするために行っていることがある。

アドホック
特定の調査目的のために、その都度オーダーメイドで設計、実施される単発調査のこと。

アトリビューション分析
コンバージョンに至るまでの流入元の履歴データを使い、コンバージョンへの貢献度を分析・評価すること。様々な集客経路に対して、ユーザーがどのタイミングで何回経由したかなどを知る分析方法。

アルゴリズム
コンピュータの処理手順を表したもの。コンピュータがある問題を解決するためのアプローチ方法。

インバウンドマーケティング
広告出稿などに頼るのではなく、消費者自身に「見つけてもらう」ことを目的としたマーケティング施策。見込客に対して有益なコンテンツをネット上で提供することで、検索結果およびソーシャルメディアで発見されやすくする。

インフルエンサー
世間に大きな影響力を持つ人や事物。特に、インターネットの消費者発信型メディア（CGM）において、他の消費者の購買意思決定に影響を与えるキーパーソンを指す。

インプレッション
Webサイトに掲載される広告の効果を測る指標の一つで、広告の露出（掲載）回数のこと。サイトに訪問者が訪れ、広告が1回表示されることを1インプレッションという。impあるいはimpsと略記されることもある。

ウェブルーミング
インターネット上で商品を検索し、実店舗を訪れて商品を確認・購入すること。ショールーミングと逆の行動。

AI
Artificial Intelligence（人工知能）の略。人工的に作られる、知的な振る舞いをするコンピュータ。

API
Application Programming Interfaceの略。OSやアプリケーションソフトウェアが、他のアプリケーションソフトウェアに対して機能の一部を利用できるようにするもの。

ABテスト
複数の案のどれが優れているかを定量的に調査する手法。複数の案のいずれか一つをランダムに選んで実際の利用者に提示し、その際の効果の有無や高低を記録する。これを何度も繰り返し、最も効果の高かった案を採用する。

SEM
Search Engine Marketingの略。検索エンジンを広告媒体と捉え、それを通じて自社Webサイトへの訪問者を増やすマーケティング手法。

SEO
Search Engine Optimizationの略。日本語では「検索エンジン最適化」。Googleなどの検索エンジンにおいて、特定のキーワードで検索された際に、検索結果ページで上位に表示されるように工夫すること。

SSP
Supply Side Platformの略。広告を掲載する媒体側が利用するプラットフォーム。広告枠の最適化が図れる。

SFA
Sales Force Automationの略。セールスフォースは営業部隊のことで、SFAとは営業活動を記録・管理・支援するシステムを指す。

エスノグラフィー調査
もともとは人類学者が各文化の行動様式を解析し、異民族を理解するためのアプローチのこと。近年ではビジネス領域への採用により、「生活者」の日常行動を包括的に知ることで、潜在的な価値や欲求を見出す発見型の手法として注目されている。

LTV
Life Time Value（顧客生涯価値）の略。顧客が取引開始してから終了するまでの間、その顧客がもたらした損益を累計したもの。顧客シェアを計測する指標として考案された。

LPO
Landing Page Optimizationの略。Webページの中でもユーザーが最初に到達するページ（ランディングページ）を最適化することにより、ユーザーを誘導したいページへ向かわせる。

エンゲージメント
企業や商品、ブランドなどに対して生活者が抱く愛着心や親近感。企業と従業員の相互の深い結びつきを指すこともある。

Owned Media
企業が情報発信に用いる媒体（メディア）のうち、自社で保有し運営・管理しているメディアのこと。

O2O
Online to Offlineの略。インターネット上で働きかけて、実際の行動を促す施策。オンラインクーポンの配信や、位置情報を利用したチェックインなどの方法がある。

オーディエンスターゲティング
オーディエンスデータを用いたターゲティングの手法。オーディエンスデータとは、クッキーに基づいたユーザーの情報を指す。

オプトアウト
離脱する、脱退する、抜け出る、手を引く、断る、などの意味を持つ英語表現。企業が一方的に送ってくる広告などの受け取りを拒否することや、そのために用意された制度や措置などを意味する場合が多い。

オプトイン
加入や参加、許諾、承認などの意思を相手方に明示

すること。個人が企業などに対し、メールなどのメッセージの送信や、個人情報の収集や利用などを承諾する手続きなどを指すことが多い。

オムニチャネル
流通・小売業の戦略の一つで、実店舗、通販カタログ、ダイレクトメール、オンライン店舗（ECサイト）、モバイルサイト、SNS、コールセンターなど、複数の販売経路や顧客接点を有機的に連携させ、顧客の利便性を高めたり、多様な購買機会を創出すること。元は流通・小売業から始まったが、メーカーやサービス業などにも広まりつつある。

開封率
配信したメールを、どの程度の割合の読者が開封したかを示す指標。

カスタマージャーニー
顧客が購入に至るまでのプロセスのこと。顧客がどのように商品やブランドと接点を持って認知し、関心を持ち、購買意欲を喚起されて購買や登録などに至るのか、という道筋を旅にたとえて表現する。図で可視化したものを「カスタマージャーニーマップ」と呼ぶ。

カンバセーションマーケティング
企業がブログやSNSを通じて、企業とユーザーまたはユーザー同士で商品やサービスについて会話や意見交換を行い、関係性を構築し、企業への信頼感を高め、ブランドロイヤリティを強めていくためのマーケティングのこと。

クラスター分析
異なる性質のものが混ざりあっている集団（対象）の中から、互いに似たものを集めて集落（クラスター）を作り、対象を分類する方法。マーケティングリサーチにおいては、ポジショニング確認を目的としたブランドの分類や、イメージワードの分類、生活者のセグメンテーションなどに用いられる。

クリック単価
CPC（Cost Per Clickの略）。1クリック（＝サイトへの1アクセス）を獲得するのにかかるコストのこと。

クリック率
インターネット広告の効果を測る指標の一つ。広告がクリックされた回数を、広告が表示された回数で割ったもの。「クリックスルーレート」とも呼ばれる。

クロスセル
ある商品を購入した、または購入しようとしている顧客に対して、別の商品をすすめるマーケティング手法。関連性が高い商品や、同時に購入すると割引になるような商品をすすめることが多い。

クロスメディア
複数のメディアを組み合わせること。広告の世界では、消費者の行動を促進することが主な目的となる。

KGI
Key Goal Indicatorの略。組織やプロジェクトが達成すべき目標を定量的な指標で表したもの。

KPI
Key Performance Indicatorの略。日本語では「重要経営指標」「重要業績指標」などと訳される。KGIを達成するために取り組むべき、個々の目標数値。

検索連動型広告
インターネット広告の一種で、検索エンジンで一般ユーザーが検索したキーワードに関連した広告を検索結果画面に表示する（テキスト形式）。

コンジョイント分析
最適な商品コンセプトを決定するための代表的な多変量解析を用いた分析方法。個別の要素を評価するのではなく、商品全体を評価することで、個々の要素の購買に影響する度合いを算出する。

コンテンツマーケティング
見込み客や顧客にとって価値のあるコンテンツを提供し続けることで、興味・関心を惹き、理解してもらい、結果として売上につなげるマーケティング手法のこと。ブランドロイヤリティを向上させる効果もある。

コンバージョン
ネット広告の分野では、広告や企業サイトの閲覧者が、会員登録や資料請求、商品購入など企業の望む行動を起こすことを指す。「単なる訪問者から、会員や（見込み）顧客への転換」という意味合いがある。

サーチターゲティング
各種検索機能でユーザーが検索したキーワードを利用し、ターゲティングを行う機能のこと。

CRM
Customer Relationship Managementの略。主に情報システムを用いて顧客の属性や接触履歴を記録・管理し、それぞれの顧客に応じたきめ細かい対応を行うことで長期的に良好な関係を築き、顧客満足度を向上させる取り組み。

GRP
Gross Rating Pointの略。CM1回ごとの視聴率（聴取率）を足し上げ、「延べ視聴率（聴取率）」としたもの。スポットCMを契約する際の単位として利用されている。

CSポートフォリオ分析
項目別満足度と総合満足度から、重点改善領域を抽出する分析手法。満足度を構成する各要素の「満足度」を縦軸、総合満足度と各要素の相関係数（関係

の強さ）を横軸にとり、各要素をプロットして重点的に改善する要素を明らかにする。

CSF
Critical Success Factorsの略。目標達成のために決定的に重要となる要因のこと。また、目標達成のために最も力を入れて取り組むべき活動や課題のこと。

CTR
Click Through Rateの略。インターネット広告の効果を測る指標の一つ。広告がクリックされた回数を、広告が表示された回数で割ったもの。クリック率と同じ意味。

CTA
Call To Actionの略。日本語では「行動喚起」。Webサイトの訪問者を具体的な行動に誘導すること。もしくは、具体的な行動を喚起する、Webサイト上に設置されたイメージやテキストのこと。

CtoC
Consumer to Consumerの略。一般消費者同士がインターネット上で物品やサービスの取引を行うこと。

CPA
Cost Per Acquisition / Cost Per Actionの略。広告単価の指標で、顧客獲得（acquisition）1人あたりの支払額。または、何らかの成果（action）1件あたりの支払額。

CPM
Cost Per Milleの略。ネット広告の配信単価の種類の一つで、表示1000回あたりの料金。広告を掲載したWebページなどが閲覧者の画面に表示された回数に比例して、広告料金が課金される。

CPC
Cost Per Clickの略。ネット広告の掲載料金の単位の一つで、クリック1回あたりの料金。Webページやメールに掲載したテキスト広告やバナー広告などがクリックされ、顧客サイトに訪問者が訪れるとCPC1回分の料金が発生する。

CVR
Conversion Rateの略。企業Webサイトの訪問者数に対する、そのサイトで商品を購入したり会員登録を行ったりした人の割合。Webサイトの投資対効果を測る上で重要な指標である。

SIPS
「共感する（Sympathize）」→「確認する（Identify）」→「参加する（Participate）」→「共有&拡散する（Share & Spread）」の頭文字を取ったもの。企業のコミュニケーション・プランニングなどにおいて、ソーシャルメディアを積極的に利用している生活者を考える上での概念。

重回帰分析
1つの従属変数（基準変数；量的データ）を複数の独立変数（説明変数；量的データ）から予測・説明する際に用いる分析手法。

主成分分析
多くの変数により記述された量的データの変数間の相関を排除し、できるだけ少ない情報の損失で少数個の無相関な合成変数に縮約して、分析を行う方法のこと。

情報銀行
システム開発会社などが、個人情報や購買履歴、行動履歴などを、個人の預託にもとづいて一括管理する仕組み。

ショールーミング
実店舗で実物を確認した商品を、インターネット上で価格を比較して購入すること。

シングルソースデータ
ある人物の一連の行動を表すデータ。例えば、「この広告に接触した」というデータと「この商品を購入した」というデータを同一人物から収集することで、購入動機の把握や効果測定に利用できる。

セッション
ユーザーがサイト接触している状態を指す。同一人物が別々の日に10回サイトに訪れたら10セッションとなる。

遷移率
複数にわたるWebページの起点から終点までの到達率。どの段階でユーザーに離脱されているのか、ボトルネックを特定する際に利用する。

センサーデータ
センサーから取得したデータのこと。加速度センサーや位置情報センサー、体温や心拍数を測定するセンサーなど、分析にあたって信頼度の高いデータになりやすい。

相関分析
2変数間の関係を数値で記述する分析方法。大別すると間隔尺度・比率尺度のデータに対して行うピアソンの積率相関分析と、順序尺度のデータに対して行うスピアマンの順位相関分析の2つがある。2変数間に、どのくらい直線的な関係があるかを数値で表す分析。

ソーシャルアド
SNSなどのソーシャルメディアにおいて、ユーザー同士のつながり（ソーシャルグラフ）を情報として取り込んだ上で表示される広告のこと。

ソーシャルグラフ
Web上での人間の相関関係や、そのつながり・結びつき。

ソーシャルCRM
狭義では、従来のCRMに使われてきたコミュニケーションチャネル(電話、メール、ライブチャットなど)に、ソーシャルメディアを加えること。広義では、顧客のソーシャルメディア上での活動を自社の顧客データベースに取り込み、より適切な情報提供を実現し、顧客との関係を最適化すること。

ソーシャルリスニング
ソーシャルメディア上で人々が日常的に語っている会話や、自然な行動に関するデータを収集し、業界動向の把握やトレンド予測、自社・ブランド・商品に対する評価・評判の理解や改善に活かすこと。

ダイレクトマーケティング
顧客と個別・直接的な双方向コミュニケーションを行い、相手の反応を測定しながら、ニーズや嗜好に合わせて顧客本位のプロモーションを展開していくマーケティング方法。データベースマーケティング、インターネットマーケティング、CRM(顧客関係管理)、One to Oneマーケティングなど、今日でも重視されるマーケティング手法のベースとなっている。

DM
個人あるいは法人宛に商品案内やカタログを送付する方法による宣伝(販促)手段、あるいは営業支援の仕組み。

多変量解析
複数の結果変数からなる多変量データを統計的に扱う手法。主成分分析、因子分析、クラスター分析などがある。

単回帰分析
一つの目的変数を一つの説明変数で予測するもので、その2変量の間の関係性を $Y = aX + b$ という一次方程式の形で表す。

チャネル
マーケティングの世界で使われる場合は、顧客につながる経路のこと。流通網やコミュニケーション手段など、あらゆる経路を指す。

直帰率
1ページしか閲覧されなかったセッション(閲覧を始めたページから他のページに移動することなく、ユーザーがサイトを離脱したセッション)の割合。直帰率が高いと訪問者を次ページへうまく誘導できていないことになる。

DRM
Direct Response Marketingの略。広告やWebサイトなどで情報を発信し、反応のあった消費者に対して関係を構築していくマーケティングの手法。

DSP
Demand Side Platformの略。広告主や広告会社が利用する、広告を出すためのプラットフォーム。

DMP
Data Management Platformの略。社内や社外(主にインターネット上)に存在する様々なデータを集約し、マーケティング施策に結びつけるためのプラットフォームのこと。

ディスプレイ広告
Web広告の形式の一種で、Webページの一部として埋め込まれて表示される、画像やFlash、動画などによる広告。画面上部などに表示される横長の画像広告を特にバナー広告という。

定性調査
数値化が不可能な文章や画像、音声などの形式の情報で調査・分析する方法。

ディメンション
サイトを訪問したユーザーやセッション、ユーザー行動の性質を表す。

定量調査
数値化された情報で調査・分析する方法。選択肢回答形式のアンケート調査などがある。

データドリブン
効果測定などで得られたデータをもとに、次のアクションを起こしていくこと。

データベースマーケティング
顧客の属性や過去の購買傾向をデータベースに記録して区分し、それぞれの顧客に合ったサービスを提供するマーケティング手法。顧客情報を登録したデータベースの構築と、その分析の2つの段階からなる。

データマイニング
データベースに蓄積されている大量のデータから、統計や決定木などを駆使してマーケティングに必要な傾向やパターンなどの隠された規則性、関係性、仮説を導き出す手法のこと。

テキストマイニング
定型化されていない文章の集まりを自然言語解析の手法を使って単語やフレーズに分割し、それらの出現頻度や相関関係を分析して有用な情報を抽出すること。

デプスインタビュー
対象者とインタビュアーが相対し、基本的に1対1で対話をする。対象者の感情や本人の自覚をしていない意識まで汲み取り、行動の動機や相手そのものを理解していくことを目的とする。定性調査の一種。

デモグラフィック属性
人口統計学的な特徴を表す情報・データ。例えば、性別、年齢、未既婚、家族構成、世帯収入、個人収入、職業など。

トラフィック
Web関連で用いる場合は、サーバやサイトへの外部からの接続要求数、アクセス数、送信データ量などのこと。サイトやページの間を行き来する閲覧者の流れを指すこともある。ITや通信の分野では、通信回線やネットワーク上で送受信される信号やデータや、その量や密度を意味することが多い。

トリプルメディア
3つのマーケティングチャネルを整理したフレーム。3つのメディアとは、オウンドメディア（owned media）、アーンドメディア（earned media）、ペイドメディア（paid media）のこと。

ネイティブアド
ユーザーがいつも使っているメディアもしくはサービスの中で、自然になじむデザインや機能で表示されるペイドメディアの一種。

パーソナライゼーション
顧客やユーザー1人ひとりに最適化された商品・サービスを提供するための手法。ユーザーが登録した属性情報や購買履歴をもとに、おすすめ商品を設定するなどの方法がある。

パーソナルデータストア
個人のデータを本人に代わって集約・管理するエージェント機能を持つシステム。

バイラル（・マーケティング）
クチコミを利用し、低コストで顧客の獲得を図るマーケティング手法。情報の広まり方がウイルスの感染に似ることから、「ウイルス性の」という意味の「バイラル」の名を冠している。

ハッシュタグ
ソーシャルメディアで用いられる、簡易にコンテンツを相互接続する機能。「#」に続けてキーワードを書くことで、ハッシュタグとすることが多い。

パンくずリスト
Webサイト内でユーザーが現在どの位置にいるかをわかりやすくするため、上位階層へのリンクを並べたリストのこと。「ホーム ＞ 関東地方 ＞ 東京 ＞ 新宿」というように、「＞」や三角などの印で区切られる。童話『ヘンゼルとグレーテル』で、主人公が森で迷子にならないように、通り道にパンくずを置いていったというエピソードから名づけられた。

BANT情報
Budget（予算）、Authority（決裁権）、Needs（必要性）、Timeframe（導入時期）の情報のことで、法人営業において押さえておくべき視点。

BI
Business Intelligenceの略。ビジネスに関する情報の管理・分析などを行う方法論およびツールのこと。1980年代から利用されてきたが、近年は部門ごとに手軽に利用できる「セルフサービスBI」が普及しつつある。

ビーコン
Bluetooth発信機のこと。スマートフォンなどのBluetooth受信端末を感知して、様々な情報を発信できる。

PDCA
業務プロセスの管理手法の一つで、計画（Plan）→実行（Do）→評価（Check）→改善（Act）という4段階の活動を繰り返し行うことで、継続的にプロセスを改善していく手法。

BtoC
Business to Consumer／Customerの略。企業と個人（消費者）間の商取引、あるいは、企業が個人向けに行う事業のこと。消費者向け事業が主体の企業のことをBtoC企業ということがある。

BtoB
Business to Businessの略。企業間の商取引、あるいは、企業が企業向けに行う事業のこと。企業向け事業が主体の企業のことをBtoB企業ということがある。

BtoBtoC
Business to Business to Consumerの略。他の企業の消費者向け事業を支援・促進するような事業、あるいは、他の企業から仕入れた商品を消費者に販売する事業を指す。その取引や事業そのものは企業間で行われるが、全体としては顧客企業の消費者向け事業の一部になっているようなものや、企業と消費者の仲立ちとなって取引を仲介・媒介するような事業のことを意味する。

PV
Page Viewの略。最も基本的なアクセス数の指標の一つで、Webページが閲覧された回数を表す。静的な構成のWebサイトではHTMLファイルの送信数にほぼ等しい

ビッグデータ
通常のソフトウェアでは分析できないほど膨大なデータ。ビッグデータの定義として有名なものに、量（Volume）、発生頻度（Velocity）、多様性（Variety）が揃っているという「3V」がある。

ビューアビリティ
インターネット広告において、実際にユーザーが閲覧

可能な状態で画面に表示されているかを表す指標。

ヒューリスティック評価
ユーザビリティ評価のための手法の一つで、ユーザビリティの専門家が評価対象のサイトを見て、様々な問題点を指摘する手法。

ファーストビュー
Webの分野では、閲覧者がWebページを開いた際に、最初に表示される領域のことを指す。スクロールなどの操作をしなくても見ることができる範囲で、最も重要な内容を配置すべきとされる。

フォーカスグループ
マーケティングリサーチでグループインタビューをする際に集められたグループ。一定の条件を満たすように選別されている。

フラッシュマーケティング
Webマーケティング手法の一種。期間限定で、割引価格などの特典がある商品を販売する。特に、クーポンを販売する共同購入サービスを指すことが多い。

プラットフォーム
あるソフトウェアやハードウェアを動作させるために必要な、基盤となるハードウェアやOS、ミドルウェアなどのこと。また、それらの組み合わせや設定、環境などの総体を指すこともある。

ブランドセーフティ
広告を掲載することでブランドイメージを損なわないようにするという考え方。例として、動画サイトに一般ユーザーがアップロードしたポルノコンテンツへの広告掲載を避けることなどが挙げられる。

フリークエンシー
媒体の閲覧者が広告に接する頻度のこと。ある期間内に、同じ人物が同じ広告を見る回数を表す。

プログラマティック広告
複数のデジタルプラットフォームを利用して、自動的に広告を出稿すること。特に、リアルタイムデータにもとづき自動的に広告枠を購入することを指す場合が多い。

Paid Media
企業が広告枠を購入して利用するメディアのこと。テレビ・ラジオ・雑誌・新聞の四大メディアによる広告や、スポーツやイベントなどのスポンサー契約により、製品やサービスを不特定多数の消費者に認知させることが最大の目的となる。Web上では、バナー広告やリスティング広告などがPaid Mediaにあたる。

ペルソナ
企業が提供する製品・サービスにとって、最も重要で象徴的なユーザーモデル。氏名、年齢、性別、居住地、職業、勤務先、年収、家族構成といった定量的なデータだけではなく、その人の生い立ちから現在までの様子、身体的特徴、性格的特徴、人生のゴール、ライフスタイル、価値観、趣味嗜好、消費行動や情報収集行動などの定性的データを含めて、あたかも実在するかのような人物像を設定する。

ホワイトペーパー
メーカーなどが、自社商品やその関連技術の優位性を訴えるために発行するもの。市場環境や技術動向の分析、導入事例やベストプラクティスの解説、他社製品との詳細な比較などをまとめた文書であることが多い。

マーケティングオートメーション
マーケティング業務を自動化するために開発されたツールや仕組み。メールやソーシャルメディア、Webなどを活用して、マーケティング活動の効率化や、効果の向上を目指すもの。

MECE
Mutually Exclusive and Collectively Exhaustiveの略。直訳すると「相互に排他的な項目による完全な全体集合」。要するに「重複なく・漏れなく」という意味である。経営学、経営コンサルティングなどの領域で使われることが多い。

見込み客
ある製品を買う可能性のある人（法人）を指す。その意味で、見込み客とは、ターゲットとして選定した顧客層を具体的な人や法人へと落としこんだものであるといえる。

ミドルウェア
ソフトウェアの種類の1つで、オペレーティングシステム（OS）とアプリケーションソフトの中間に位置し、様々なソフトウェアから共通して利用される機能を提供するもの。OSが提供する機能よりも分野や用途が限定された、具体的・個別的な機能を提供する場合が多い。

メガリーチピクチャー
Web上で膨大な回数表示される広告枠（例：Yahoo!Japanトップページ右上にあるパネル広告）。

メルマガスタンド
メールマガジンを配信・発行することができるシステム（仕組み）。

UX
User Experienceの略。ある商品やサービスを利用したり、消費したりしたときに得られる体験。個別の機能や使いやすさのみならず、ユーザーが真にやりたいことを、楽しく、心地よく実現できるかどうかまで考慮した、体験の総体を意味する。

ユーザビリティ
利用目的の達成のしやすさ、使い方や表示の明快さ、利用者（ユーザー）の満足度、といった要素。デザイン、機能、性能など、多くの要素がユーザビリティに関係する。

UU
Unique User（ユニークユーザー）の略。ある期間内において、同じWebサイトにアクセスしたユーザーの数のこと。ユニークユーザーの指標では、期間内に同じユーザーが何度訪れても、まとめて1回の訪問としてカウントするため、サイト利用者の正味人数を計測することができる。

ランディングページ
Webサイトの訪問者がそのサイトにやってくる際、最初に開くことになるページ。特に、他サイトに広告を出稿する際、リンク先として指定する自サイト内のページのこと。

リーチ
インターネット広告においては、ある広告が何人に配信されたかを表す指標。全ユーザー数に対する割合で表現されることもある。

リードジェネレーション
不特定多数に対して商品情報を告知して興味・関心を喚起するのではなく、自社の商品・サービスの購入に関心を示す個人や企業を見込み客として集め、情報提供や提案をして購入につなげる活動のこと。

リードタイム
発注から納品までに必要な時間。開発リードタイム、調達リードタイム、生産リードタイム、配送リードタイムに分解される。オペレーション品質を測定する4つの指標（スピード、正確性、コスト、継続性）のうち、スピードを測る上での指標として使われる。

リードナーチャリング
見込み客に対して、アプローチを段階的に行い、徐々に購入意識を育てていくこと。対象とする見込み客は、すぐに購入しようと思っているホットリードではなく、少しだけ興味・関心を持っているという人や、情報収集段階の人（コールドリード）。

リスティング広告
検索エンジンなどの検索結果ページに掲載される広告。特に、検索語と関連性の高い内容を選択して表示する広告。検索結果の表示に合わせ、テキスト広告となっていることが多い。

リターゲティング
行動ターゲティング広告の一つで、検索サイトやバナー広告などから訪れた訪問者のその後の行動を追跡し、再度表示させる広告。訪問者の行動に応じて興味の対象を絞り込み、効果的な広告を打てるため、通常のバナー広告よりもクリック率やコンバージョン率が高くなる。

離脱率
Webページのアクセス指標の一つで、そのページを最後に別のサイトへ移動した人の割合のこと。サイトの訪問者全体に対する割合とする場合もある。

リッチ広告
リッチメディア広告ともいう。インターネット上の広告に、音声や動画を用いたり、ユーザーからの応答を受け付けられる仕組みを付加したりしたもの。

リッチコンテンツ
データ量の少ない文字や静止画だけでなく、音声や動画など様々なメディアの情報を統合して扱うこと。ユーザーの操作によって表示情報が変わるなど、インタラクティブ性を持っていることも多い。

リテンション
既存顧客との関係を維持していくためのマーケティング活動。既存顧客のニーズを吸収し、他の製品やサービスの案内を行うなどの方法で、定期的に既存顧客との接点を持つ。

リフト率
データマイニングの際の相関分析の指標の一つで、ある関連購買傾向の比率を表す。

リマーケティング
サイトから去ってしまった人を追いかけていく広告。Cookie（クッキー）を訪問履歴の把握に利用する手法。

レコメンド
ECサイトなどで、利用者の好みを分析し、利用者ごとに興味のありそうな情報を選択して表示する仕組みのこと。

One to Many マーケティング
ある商品を売るために、大衆を相手に広く宣伝するという手法。

One to One マーケティング
顧客1人ひとりの趣向や属性などを把握し、それぞれに対して個別にマーケティングを行っていくこと。

Index | 索引

【英数字】
- 1:29:300の法則 128
- 3C分析 072
- 4C 033
- 4P 033
- 5 Forces分析 072
- 5A 152
- ABC分析 090
- AI 138
- AIDMA 072
- AISAS 072
- AISCEAS 072
- BI 144
- BtoBマーケティング 148
- CLT 094, 124
- CMO 166
- CRM 121
- DMP 140
- HUT 094, 124
- ID-POS 160
- IoT 038
- KGI 118
- KPI 118
- LTV 155
- MECE 066
- MROC 095
- O2O 018
- PDCA 046, 118
- PEST分析 042
- QCD 082
- ROAS 096
- ROMI 036
- STP 032
- SWOT分析 044
- VRIO分析 043

【あ】
- アイトラッキング 108
- アップセル 056
- アドホック調査 086
- アンゾフの成長マトリックス 056
- アンバサダー 104
- 位置情報 092
- イノベータ理論 061
- インターネット調査 094, 124
- インフォグラフィック 146
- エスノグラフィー 106
- エリアマーケティング 092
- エレベーター・ピッチ 134
- エンゲージメント 048
- オズボーンのチェックリスト 158
- オピニオン・リーダー 061
- オムニチャネル 050

【か】
- カスタマージャーニー 100
- 機縁法 126
- 疑似相関 136
- 共創 060, 104
- グラフィックレコーディング 146
- グループインタビュー 094, 117, 126
- クロスセル 056
- クロス分析 136
- コ・クリエーション 104
- 行動観察 106
- 顧客経験 051, 101
- 顧客ロイヤリティ 154

【さ】
- サイコグラフィック 013
- 最頻値 134
- サンプリングデータ 088
- シェアリングエコノミー 034
- ジェネレーションZ 034
- ジオグラフィック 013
- シングルソースデータ 096

スクリーニング調査……………………124
相関分析…………………………………136

【た】
ダイナミックプライシング……………154
ダッシュボード…………………………144
多変量解析………………………………137
単純集計…………………………………134
中央値……………………………………134
定性調査………………………… 086, 126
定量調査………………………… 086, 124
データアクティベーション……………089
データサイエンティスト………………132
データドリブンマーケティング
………………………………… 036, 164
デジタルトランスフォーメーション
……………………………………………154
デプスインタビュー……………………094
デモグラフィック………………………013
動画配信…………………………………162
匿名加工情報……………………………025
トライアル………………………………090

【な】
ネタ消費…………………………………034

【は】
バイアス…………………………………122
パネル調査………………………………086
バリューチェーン………………………164
ビッグデータ…………………… 024, 088
ビデオグラフィック……………………146
ビヘイビア………………………………013
表情分析…………………………………108
ブランド…………………………………048
ブランド構想構造分析…………………048
ブランドスイッチ………………………062
プリテスト………………………………120

【ま】
マーケティング4.0……………………152
マーケティングオートメーション
………………………………… 068, 141
マーケティングミックス………………032
ミステリーショッピング………………127
ミレニアル世代…………………………034
メガトレンド……………………………150

【やらわ】
リピート…………………………………090
ローデータ………………………………130

本書内容に関するお問い合わせについて

このたびは翔泳社の書籍をお買い上げいただき、誠にありがとうございます。弊社では、読者の皆様からのお問い合わせに適切に対応させていただくため、以下のガイドラインへのご協力をお願い致しております。下記項目をお読みいただき、手順に従ってお問い合わせください。

●ご質問される前に

弊社Webサイトの「正誤表」をご参照ください。これまでに判明した正誤や追加情報を掲載しています。

　　　正誤表　http://www.shoeisha.co.jp/book/errata/

●ご質問方法

弊社Webサイトの「刊行物Q&A」をご利用ください。

　　　刊行物Q&A　http://www.shoeisha.co.jp/book/qa/

インターネットをご利用でない場合は、FAXまたは郵便にて、下記"翔泳社 愛読者サービスセンター"までお問い合わせください。
電話でのご質問は、お受けしておりません。

●回答について

回答は、ご質問いただいた手段によってご返事申し上げます。ご質問の内容によっては、回答に数日ないしはそれ以上の期間を要する場合があります。

●ご質問に際してのご注意

本書の対象を越えるもの、記述個所を特定されないもの、また読者固有の環境に起因するご質問等にはお答えできませんので、予めご了承ください。

●郵便物送付先およびFAX番号

　　　送付先住所　　〒160-0006　東京都新宿区舟町5
　　　FAX番号　　　03-5362-3818
　　　宛先　　　　　（株）翔泳社 愛読者サービスセンター

※本書に記載されたURL等は予告なく変更される場合があります。
※本書の出版にあたっては正確な記述につとめましたが、著者や出版社などのいずれも、本書の内容に対してなんらかの保証をするものではなく、内容やサンプルに基づくいかなる運用結果に関してもいっさいの責任を負いません。
※本書に記載されている会社名、製品名はそれぞれ各社の商標および登録商標です。

著者紹介

石渡 佑矢（いしわた・ゆうや）
株式会社インテージ　広報統括マネージャー

早稲田大学を卒業後、輸入車販売店や市場調査会社を経て、2011年インテージに入社。2社のリサーチ会社を通じて、日用消費財や耐久消費財、流通・小売、エンターテインメント・サービス、広告会社、コンサルティング会社など、企業各社のマーケティング、リサーチ、データ分析500件以上に従事。新商品開発や集客促進、顧客満足度向上、広告効果測定など、様々なマーケティング課題のリサーチを経験した後、自社の事業戦略や販売促進、新規事業を担う部門に所属。その後、新設のマーケティング部に異動し、自社のマーケティングやメディアリレーションズ、広報活動を推進。顧客企業向けのマーケティングイベント「インテージフォーラム」では、企画・運営を部門横断で担う全社プロジェクトのリーダーを務めた。現在はインテージのブランディング・社内外広報を主管している。

● 購入特典

本書をお買い上げいただいた方全員に、リサーチの参考になる特典を差し上げています。詳細については、下記のキャンペーンサイトをご覧ください。

▼翔泳社キャンペーンサイト
https://www.shoeisha.co.jp/book/campaign/dkmr/

装丁・本文デザイン	植竹 裕（UeDESIGN）
DTP	佐々木 大介
	吉野 敦史（株式会社アイズファクトリー）

デジタル時代の基礎知識『リサーチ』
多彩なデータから顧客の「すべて」を知る新しいルール

(MarkeZine BOOKS)
マーケジン ブックス

2017年12月11日　初版第1刷発行

著者	石渡 佑矢（いしわた ゆうや）
発行人	佐々木 幹夫
発行所	株式会社 翔泳社（http://www.shoeisha.co.jp）
印刷・製本	株式会社 加藤文明社印刷所

©2017 Yuya Ishiwata

本書は著作権法上の保護を受けています。本書の一部または全部について（ソフトウェアおよびプログラムを含む）、株式会社 翔泳社から文書による許諾を得ずに、いかなる方法においても無断で複写、複製することは禁じられています。
本書へのお問い合わせについては、190ページに記載の内容をお読みください。
落丁・乱丁はお取り替えいたします。03-5362-3705までご連絡ください。

ISBN978-4-7981-5406-0　　　　　　　　　　　　　　　　Printed in Japan